Erich Zettl

W9-BEZ-298

Deutschland in Geschichte und Gegenwart

Ein Überblick

Neubearbeitung

Max Hueber Verlag

Dank gebührt Frau Dr. Martina Wagner-Egelhaaf, Universität Konstanz, für ihre Anregungen zur Darstellung der deutschen Literatur der Gegenwart und Herrn Prof. Siegfried Schweiger, Fachhochschule Konstanz, für seine Hinweise zur modernen Architektur.

Das Werk und seine Teile sind urheberrechtlich geschützt. Jede Verwertung in anderen als den gesetzlich zugelassenen Fällen bedarf deshalb der vorherigen schriftlichen Einwilligung des Verlags.

3. 2. 1.   Die letzten Ziffern bezeichnen
1997 96 95 94 93   Zahl und Jahr des Druckes.
Alle Drucke dieser Auflage können, da unverändert, nebeneinander benutzt werden.
6. Auflage 1993
© 1972 Max Hueber Verlag, D-8045 Ismaning
Zeichnungen: Werner Eckhardt, München
Gesamtherstellung: Ludwig Auer GmbH, Donauwörth
Printed in Germany
ISBN 3–19–001200–8

Inhaltsverzeichnis

Vorwort

Dieses Buch gibt einen Überblick über Deutschland in seiner Geschichte und Gegenwart. Es ist für Ausländer gedacht, die bereits gute Deutschkenntnisse haben, für Studenten der Germanistik, für fortgeschrittene Teilnehmer an Sprachkursen und für ausländische Deutschlehrer. Das Buch berichtet über Höhepunkte und Katastrophen in der deutschen Geschichte während eines Zeitraums von 2000 Jahren; der Schwerpunkt liegt jedoch auf der Darstellung der Geschichte unserer eigenen Zeit. Zu den einzelnen Themen gehören Wirtschaft und Gesellschaft, Politik und Institutionen, nicht zuletzt aber die deutsche Kultur. Doch was ist Deutschland? Was bedeutet dieser Name im geographischen, im politischen und im kulturellen Sinn? Beginnen wir mit einer geographischen Beschreibung.

1. Die Landschaften im Zentrum Europas – Deutschland und die Deutschen

Die Alpen begrenzen Mitteleuropa im Süden. Über 4000 Meter erheben sich ihre Gipfel, die oft Sommer und Winter mit Schnee und Eis bedeckt sind. Nördlich davon erstreckt sich bis zur Donau das Alpenvorland mit seinen großen Seen, dem Bodensee, dem Ammersee, dem Starnberger See und dem Chiemsee; mit seinen Gebirgsflüssen, an deren Ufern die Städte Salzburg, die süddeutsche Metropole München und Augsburg entstanden.

An das Alpenvorland schließen sich die deutschen Mittelgebirge an. Schon viele ihrer Namen – Schwarzwald, Odenwald und Westerwald, Bayerischer Wald, Böhmerwald und Thüringer Wald – lassen erkennen, daß diese regenreichen Gebirge zum großen Teil von dichten Wäldern bedeckt sind. Dazwischen liegen weite, fruchtbare Flußtäler. Hier verlaufen seit alters her die Straßen; hier haben die Menschen zuerst ihre Siedlungen gebaut, die heute zu großen Städten angewachsen sind.

Entlang des Oberrheins erstreckt sich die Oberrheinische Tiefebene. Ihr mildes Klima hat sie zum „Obst- und Weingarten Deutschlands" gemacht; in ihrem breiten Tal liegen nicht nur Stätten alter Kultur wie Freiburg, Straßburg, Worms und Mainz, sondern auch Karlsruhe und Mannheim, bedeutende Zentren moderner Industrie.

Nordöstlich des Schwarzwaldes breitet sich das Becken und Tal des Neckars mit Stuttgart und Heidelberg aus; in den Tälern des Mains und seiner Nebenflüsse liegen Nürnberg, Würzburg und die große Industrie- und Handelsstadt Frankfurt.

Die malerischen Täler des Mittelrheins mit Koblenz und Bonn, die der Weser und ihrer Nebenflüsse mit Göttingen und Kassel und das der Elbe erweitern sich nach Norden und gehen in die Norddeutsche Tiefebene über.

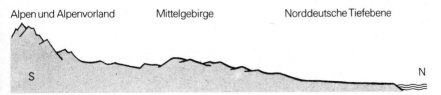

Alpen und Alpenvorland   Mittelgebirge   Norddeutsche Tiefebene

S

N

Die Landschaftsformen Deutschlands

Die Norddeutsche Tiefebene ist die dritte große Landschaftsform Mitteleuropas. Dieses hat also, im großen gesehen, die Form eines Daches, das sich von Süden nach Norden neigt und von der Nord- und Ostsee begrenzt wird.

Fast alle Ströme Mitteleuropas fließen daher von Süden nach Norden, der Rhein, die Weser, die Elbe und die Oder; allein die Donau wird vom Juragebirge und vom Bayerischen Wald nach Südosten geleitet.

An den Mündungen der Weser und Elbe sind die großen Hafenstädte Hamburg und Bremen entstanden, „Deutschlands Tore zur Welt". An dem fruchtbaren, kohle- und erzreichen Südrand der Tiefebene liegen Köln, die Bundeshauptstadt Bonn und die großen Industrieorte des Ruhrgebietes. Heute sind diese Siedlungen an der Ruhr und am Rhein – Düsseldorf, Duisburg, Essen, Dortmund und viele andere – fast zu einer einzigen riesigen Stadt zusammengewachsen, die mehr als zehn Millionen Einwohner zählt.

Weiter im Osten finden wir in der Norddeutschen Tiefebene Hannover, Magdeburg und Leipzig, an ihrem Südrand liegen Weimar und Dresden und nördlich von Dresden die alte Reichshauptstadt und neue Bundeshauptstadt Berlin.

Sowohl im Westen als auch im Osten erstrecken sich die Landschaftsformen Mitteleuropas weit über die deutschen Staatsgrenzen hinaus; weder im Westen noch im Osten also hat Deutschland natürliche Grenzen.

Diese Besonderheit ist von großer Bedeutung. Sie erleichtert den Handel, den Verkehr und den kulturellen Austausch mit den Nachbarstaaten; sie war freilich auch häufig die Ursache von Konflikten und Krieg. Selten waren Grenzen so oft umstritten und haben sich so oft geändert wie die politischen West- und Ostgrenzen Deutschlands.

Deutschland im politischen Sinn ist der Staat, der innerhalb dieser Grenzen liegt. Dieser Staat trägt den Namen „Bundesrepublik Deutschland". Seit dem 3. Oktober 1990 gehören dazu auch die ehemalige DDR und Berlin.

Für die Politik haben die deutschen Staatsgrenzen eine große Bedeutung; für das kulturelle Leben gelten sie nicht. Zürich und Basel gehören politisch zur Schweiz, Salzburg und Wien zu Österreich, kulturell gesehen sind es aber deutsche Städte.

Der deutsche Kulturraum ist also größer als der deutsche Staat. Er umfaßt nicht nur das Gebiet, wo deutsche Staatsbürger leben, sondern alle Gebiete, die von Menschen deutscher Muttersprache besiedelt sind.

Aber auch die Sprachgrenzen sind nicht die Grenzen einer Kultur. Um wieviel ärmer wäre die „deutsche" Kultur ohne die Kulturgüter, die sie von den alten Römern, den alten Griechen und dem Orient übernommen hat, ohne das, was die Deutschen von den Franzosen, den Italienern und Spaniern, von den Angelsachsen, den Skandinaviern und Slaven gelernt haben. Um wieviel reicher andererseits ist die Kultur dieser Völker durch das Lebenswerk von Gutenberg und Luther, von Siemens und Daimler, von Röntgen, Einstein und Planck, durch die Philosophie Kants und Hegels, durch die Musik Bachs und Händels, Mozarts, Haydns und Beethovens.

Die deutschsprachigen Länder sind also kein isolierter Kulturraum. Sie sind ein Teil einer größeren kulturellen Gemeinschaft, der Völkerfamilie Europas.

Durch friedliches Geben und Nehmen unter den Mitgliedern dieser Familie entwickelte sich im Laufe der Geschichte die europäische Kultur; sie entwickelt sich heute durch friedlichen Austausch mit allen anderen Kulturen der Welt. Dies zu zeigen ist ein Ziel des Buches. Dabei genügt eine Beschreibung unserer Gegenwart nicht. Die Wurzeln der Kultur jeder Völkerfamilie liegen in ihrer Geschichte; und ohne einen Blick auf die Vergangenheit wäre weder die heutige Wirtschaft und Gesellschaft noch die Politik und die Institutionen zu verstehen, am wenigsten das kulturelle Leben unserer Zeit.

2. Germanen, Römer und Christentum (bis etwa 500 n. Chr.)

Die ersten genaueren Nachrichten über die Völker Nord- und Mitteleuropas verdanken wir den Römern. Caesar († 44 v. Chr.), besonders aber der Historiker Tacitus († 120 n. Chr.) beschreiben sie als kriegerische Stämme von Bauern und Jägern; sie nannten diese Völker „Germanen" und das Land, das sie bewohnten, „Germanien".

Jene Nachbarn bedeuteten eine ständige Gefahr für das Römische Reich. Dieses hatte sich in den Jahrzehnten vor Christi Geburt über den ganzen Mittelmeerraum ausgebreitet und grenzte im Norden an die germanische Welt. Städtenamen wie Köln (Colonia), Bonn (Bonna), Regensburg (Castra Regina) und Augsburg (Augusta Vindelicorum) lassen erkennen, daß viele

Porta Nigra, Trier, erbaut von den Römern um 190 n. Chr.

Orte am Rhein, an der Donau und südlich und westlich dieser Flüsse aus römischen Militärsiedlungen entstanden sind. *Der Rhein und die Donau also bildeten die oft umkämpften Grenzen der römischen Macht.*

Doch die Beziehungen zwischen den Völkern waren nicht nur durch Krieg und Feindschaft bestimmt.

Noch heute finden wir in unserer Sprache eine Reihe von Wörtern aus dem Lateinischen wie „Straße, Mauer, Fenster, Wein, Staat, Schule" und „schreiben". Alle diese Wörter bezeichnen Dinge, Tätigkeiten und Institutionen, welche die Germanen von den Römern gelernt und übernommen haben. Den Römern verdankt das Abendland die Vermittlung eines der größten Kulturgüter des Orients, unsere Schrift.

Besonders auf den Gebieten der Architektur, der Landwirtschaft und später auf den Gebieten der Bildung, der Staatskunst und des Rechts also waren die Römer überlegene Lehrmeister der mitteleuropäischen Völker, Vermittler der überlegenen griechisch-orientalischen Kultur.

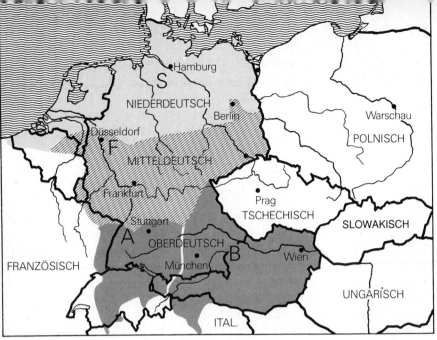

Deutsche Mundarten (nach 1945).
S = Niedersächsisch, F = Fränkisch, B = Bairisch, A = Alemannisch (Schwäbisch)

Im vierten und fünften Jahrhundert jedoch schien diese einst blühende Kultur im Chaos zu versinken. Das „Imperium Romanum" verfiel; die Germanenvölker der Goten, Vandalen, Langobarden und Burgunder brachen in das alte Reichsgebiet ein, gefolgt und bedrängt von den Hunnen aus Asien. Um 470 landeten die Angeln und Sachsen in der alten römischen Provinz Britannien. *Diese Wanderung der Germanen nach dem Süden, Westen und Osten bezeichnet man als die Völkerwanderung.*

Viele einst bedeutende Städte wie Rom und Mailand wurden zerstört; die ganze antike Welt schien in den Stürmen jener Zeit unterzugehen. Und doch formten sich in dieser Völkerbewegung die Grundlagen der späteren Geschichte Deutschlands.

Damals nämlich besiedelten die vier germanischen Stämme der Sachsen, der Franken, der Baiern und der Alemannen (der Schwaben) die Gebiete, die ihre Nachkommen heute noch zum großen Teil bewohnen.

An diese Landnahme erinnern noch jetzt die deutschen Mundarten. Ihre Verbreitung entspricht mehr oder weniger den Siedlungsgebieten jener vier germanischen Stämme.

11

Auf ihren Wanderungen kamen die Germanen nicht nur mit einer alten Kultur in Berührung, sondern auch mit einer neuen geistigen Macht, dem Christentum.

Um das Jahr 360 übersetzte der Bischof der Westgoten Ulfilas († 383) die Bibel in seine Sprache.

> „Atta unsar, thū in himinam, wīhnai namo thīn . . .
> werthai wilja thīns"

(Vater unser, du in Himmeln, geweiht werde Name dein, es werde Wille dein) – so lautet der Anfang des Vaterunsers in Ulfilas Übersetzung. Es ist das erste Buch in einer germanischen Sprache, ein Werk des Friedens und der Kultur mitten in einer barbarischen Zeit.

Schließlich nahmen die Germanen die christliche Religion an und wurden seßhaft. Von dieser Zeit an datiert man eine neue Epoche der europäischen Geschichte: DAS MITTELALTER.

3. Das Reich und die Kirche des Mittelalters in Einheit und Konflikt (von etwa 800 bis 1100)

Nach dem Chaos der Völkerwanderung entstand unter den Königen der Franken in West- und Mitteleuropa allmählich ein neues Reich. Sein bedeutendster Herrscher war Karl der Große (768–814), dessen Macht sich von den Pyrenäen bis zur Elbe und von Rom bis zur Nordsee erstreckte.

Hand in Hand mit dem fränkischen Reich breitete sich das Christentum über Mitteleuropa aus.

Der angelsächsische Missionar Winfrid, der *heilige Bonifatius* († 754) wird als „Apostel der Deutschen" verehrt; sein Kloster in Fulda und die Bischofssitze, die er gegründet hat – Würzburg, Regensburg, Passau, Freising (später München) und Salzburg –, sind noch heute Zentren der katholischen Kirche im deutschen Sprachraum.

Am Weihnachtstag des Jahres 800 wurde König Karl in Rom vom Papst zum Kaiser gekrönt.

„Dem erhabenen Karl, dem von Gott gekrönten großen und friedenbringenden Kaiser der Römer, Heil und Sieg!"

Reiterstandbild Karls des Großen

So begrüßte das römische Volk seinen neuen Imperator. *Das Reich der Franken wurde damit zum Nachfolger des „Imperium Romanum", sein Herrscher zum Beschützer und Herrn der Christenheit.*

Unter dem kaiserlichen Schutz und Frieden erwachten auch Kunst und Literatur zu neuem Leben. Die Mönche der Klöster Fulda, Sankt Gallen und Regensburg schufen die ersten Werke in altdeutscher Sprache; zum erstenmal erscheint in den Handschriften das Wort „deutsch".

Das Fragment des *„Hildebrandlieds"* (um 800) schildert eine tragische Episode aus der Zeit der Völkerwanderung, den Kampf des alten Kriegers Hildebrand mit seinem Sohn, der den Vater nicht erkennt und von ihm im Zweikampf getötet wird.

Doch nicht die heidnisch-germanische Tradition ist die wichtigste Quelle der karolingischen Literatur, sondern das Evangelium.

„Das erfuhr ich als der Wunder größtes,
daß die Erde nicht war noch der Himmel oben...
noch die Sonne schien noch der Mond leuchtete...
Als da nichts war bis zum äußersten Ende,
da war doch der eine allmächtige Gott."

Dieses *„Wessobrunner Gebet"* (nach 800) ist das erste bedeutende Zeugnis christlicher Dichtung in deutscher Sprache.

Nach dem Tode des großen Kaisers verfiel die kaiserliche Macht. Karls Söhne teilten ihr Erbe; damit begann eine gesonderte Entwicklung der romanisch- und der germanisch-sprachigen Gebiete, welche für die spätere Geschichte Europas tiefgreifende Folgen hatte: *Aus dem Westteil des Fran-*

13

kenreiches entstand das heutige „Frankreich", aus dem östlichen Teil im wesentlichen das spätere Deutschland.

Ihre Länder zu schützen – dazu waren die schwachen Nachfolger Karls nicht mehr in der Lage. Die kriegerischen Völker der Normannen, der Ungarn und der Sarazenen stießen bis in das Herz Europas vor; für das Abendland begann abermals eine „dunkle Zeit" des Schreckens und der Not.

Überdauert aber hat das Bewußtstein, daß es ein Reich und eine Kirche geben soll, die alle Völker der Christenheit umschließen.

Der König und spätere Kaiser *Otto der Große* (936–973) war es, der die Macht des römisch-deutschen Reiches erneuerte. Es umfaßte zwar jetzt Frankreich nicht mehr, erweiterte sich jedoch im Osten bald bis an die Oder.

Immer wieder rebellierten die Fürsten gegen den starken Herrscher. Otto übertrug daher weite Gebiete tatkräftigen und gebildeten Bischöfen. Diese allein blieben dem Kaiser treu; sie allein waren in der Lage, Reich und Kirche zu verwalten, und sorgten für Frieden und Recht.

Unter Karl wie unter Otto dem Großen lag also die Herrschaft über Reich und Kirche in einer Hand, in der Hand des „von Gott gekrönten" deutschen Kaisers.

Im 10. Jahrhundert jedoch begann, ausgehend von französischen Klöstern, eine große geistliche Reformbewegung. Zu ihrem Programm gehörte die Befreiung der Kirche von jeder weltlichen Herrschaft. Die Kirche ist nicht die Dienerin des Reiches – so lehrte *Papst Gregor VII.* (1073–1084) –, sondern der Kaiser ist der Diener des „von Gott gekrönten" römischen Papstes. *Das Papsttum erhob sich als neue moralische und politische Macht; der Konflikt war unvermeidlich. Die Einheit von Reich und Kirche brach auseinander, und die Rivalität zwischen Kaiser und Papst prägte fortan die Geschichte des Mittelalters.*

Aber es sind nicht nur die Taten der Herrscher, welche die Geschichte bestimmen. Langsam lichtete die Arbeit der Bauern und Mönche die fast endlosen Urwälder Mitteleuropas; in den Ebenen und Flußtälern entstanden Dörfer und Klöster, Märkte und Städte, umgeben von fruchtbarem Acker- und Weideland. Damals begannen deutsche Siedler, die Gebiete östlich der

Oder und Neiße zu kolonisieren, die fast ein Jahrtausend später, im Jahre 1945, wieder für Deutschland verlorengingen.

So formte sich in jenen Jahrhunderten allmählich die Kulturlandschaft Mittel-europas, wie wir sie heute noch zum großen Teil kennen.

4. Glanz und Niedergang des mittelalterlichen Reiches (von etwa 1150 bis 1250)

Zwei Parteien kämpften im 12. Jahrhundert um die Königskrone, die Familie der Staufer und die der Welfen. 1152 wurde der Staufer *Friedrich Barbarossa* zum König gewählt und 1155 zum römischen Kaiser gekrönt.

Die Erneuerung der Macht des Reiches in Deutschland und Italien war Bar-barossas Lebensziel. Die Jahre seiner Herrschaft (1152–1190) waren noch einmal eine Glanzzeit des „Heiligen Römischen Reiches Deutscher Nation".

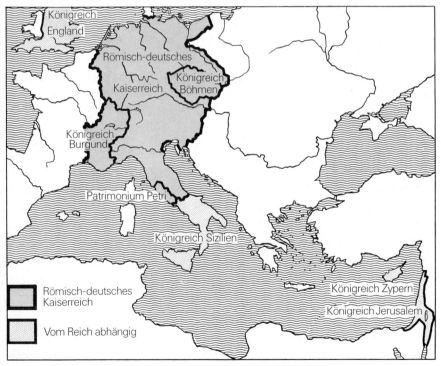

Das mittelalterliche Reich in den Jahren vor 1200

Mit dem Kaiser waren auch seine treuen Helfer zu Ehre und Einfluß aufgestiegen. Dies waren die niederen Adeligen im Dienst des Reiches, die „Reichsritter". Diese Ritter waren es, die die deutsche Dichtung auf einen ersten Höhepunkt führten. Die Jahrzehnte vor und nach 1200 waren eine kurze Blütezeit der ritterlichen Kultur.

Die kulturell höchststehende Region war damals jedoch nicht Mitteleuropa, sondern die islamische Welt, die die christlichen Ritter auf ihren „Kreuzzügen" kennenlernten. In der Philosophie, auf vielen Gebieten der Wissenschaft, der Technik und der Medizin bereicherten von nun an die Werke islamischer Gelehrter wie Ibn Sina (Avicenna) das Wissen der europäischen Völker. *Noch heute erinnern Wörter wie „Algebra" oder „(Al)Chemie", besonders aber das indisch-arabische Zahlensystem an den Einfluß der islamisch-arabischen Kultur im Mittelalter.*

Unter Barbarossas Sohn *Heinrich VI. (1190–1197)* hatte das mittelalterliche Reich seine größte Ausdehnung erreicht. Sein Einfluß erstreckte sich von England bis Jerusalem.

Doch dieses Reich war kein zentral verwalteter Staat im modernen Sinn. Noch war Mitteleuropa dünn besiedelt und von weiten Wäldern bedeckt, noch war das Land die Grundlage der Wirtschaft und Macht und die Bildung zum großen Teil in den Händen der Kirche. Verglichen mit den Kulturen des Orients mit ihren blühenden Städten und ihrer Zivilisation war Mitteleuropa immer noch rückständig und arm.

Hier war es also damals gar nicht möglich, ein leistungsfähiges Beamtentum und ein zentral geleitetes stehendes Heer zu schaffen, die das große Reich hätten verwalten und beschützen können. Der Kaiser hat daher weite Gebiete des Reiches an geistliche und weltliche Fürsten „verliehen". Diese schworen dem Kaiser die Treue, leisteten ihm Kriegsdienste, waren aber in ihrem Territorium relativ selbständig. Die Fürsten ihrerseits „verliehen" das Land an die niederen Adeligen, diese wiederum an die Bauern. *So entstand ein System gegenseitiger Abhängigkeit, das „Lehens-" oder „Feudalsystem". Man kann es mit einer Pyramide vergleichen.*

Seit langem rebellierten in Deutschland die Fürsten gegen den Kaiser, in Italien die reich gewordenen Städte. Auf ihrer Seite stand der Papst, mißtrauisch gegenüber jedem starken Herrscher.

1162 zog Barbarossa nach Italien und zerstörte die mächtigste der rebellierenden Städte, Mailand. Aber weder ihm noch seinen Nachfolgern gelang es, die Macht seiner Feinde endgültig zu brechen. Als *Friedrich II.*, der letzte große Stauferherrscher, 1250 starb, neigte sich eine Epoche der europäischen Geschichte ihrem Ende zu.

Das „Heilige Römische Reich Deutscher Nation" hatte nach mittelalterlichen Vorstellungen die ganze Christenheit umspannen sollen. Doch seine Macht war nach jahrhundertelangem Kampf mit einem dreifachen Gegner erschöpft.

Die Sieger waren der Papst, die italienischen Städte und die deutschen Fürsten. Das Reich zerfiel; allmählich formten sich die Territorien, an die noch heute die Staaten Mitteleuropas und die deutschen „Länder" Bayern, Hessen, Baden-Württemberg usw. erinnern.

Nicht Kaiser und Reich, sondern jene partikularen Gewalten waren es, denen die Zukunft gehörte.

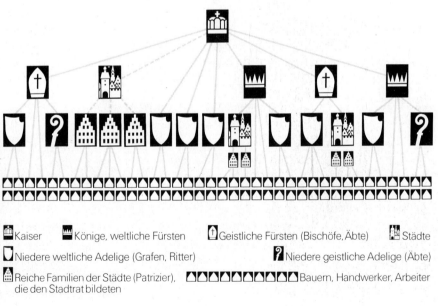

🏰Kaiser   👑Könige, weltliche Fürsten   ⛪Geistliche Fürsten (Bischöfe, Äbte)   🏛Städte

☐Niedere weltliche Adelige (Grafen, Ritter)   ❓Niedere geistliche Adelige (Äbte)

🏘Reiche Familien der Städte (Patrizier),   ⌂⌂⌂⌂⌂⌂⌂⌂⌂Bauern, Handwerker, Arbeiter
die den Stadtrat bildeten

Schematische Darstellung des Lehenssystems

5. Die Bild- und Baukunst im Mittelalter –
Die Romanik und die Gotik

Die wichtigste Trägerin der mittelalterlichen Kultur war die alle abendländischen Völker umspannende Kirche. Architektur und Bildkunst, Literatur und Musik dienten der Verbreitung ihrer Lehre, dem Bau und der Verschönerung der Gotteshäuser.

Die Kunst des Kirchenbaus hatte sich aus den Grundformen der römischen Basilika entwickelt. Von Italien aus verbreitete sie sich über West- und Mitteleuropa und erreichte im 11. und 12. Jahrhundert in den Gebieten beiderseits des Rheins einen bedeutenden Höhepunkt. Die Kaiserdome in

Die romanische Klosterkirche Maria Laach (1093–1220)

Worms, Speyer und Mainz sind damals entstanden. Ihre Bauteile sind einfach und massiv, klar gegeneinander abgegrenzt; die Deckengewölbe, die Tore und kleinen Fenster enden in einem runden Bogen. *Alle Kirchen jener Zeit scheinen „Burgen Gottes" zu sein, in denen die Gläubigen Schutz finden vor den Gefahren der Welt.* Diese Architektur bezeichnet man als „romanisch".

In den Jahren vor 1200 zeichnete sich in Frankreich ein Stilwandel ab, der um 1250 auch Deutschland erfaßte. Alle Bauformen werden schlanker und höher; die einst massiven Mauern lösen sich auf und lassen Raum für große Fenster zwischen aufragenden Säulen und Pfeilern. Der Spitzbogen löst den romanischen Rundbogen ab. *Das ganze Gotteshaus scheint seine Schwere verloren zu haben und wird zum sichtbaren Ausdruck des Rufes: „Hebt himmelwärts die Herzen".* Die französischen Kathedralen in Chartres, Reims und Paris, die Dome in Salisbury und Lincoln in England, die spanischen Kathedralen in Burgos und Toledo, der Mailänder Dom, das Straßburger, das Freiburger, das Ulmer Münster und der Kölner Dom sind Beispiele dieses universalen *„gotischen"* Stils.

Von den farbigen Fresken, die die Wände der romanischen Kirchen schmückten, ist wenig erhalten. Nur die Buchmalerei gibt uns eine Vorstellung von der Pracht romanischer Bildkunst. In den Werkstätten von Chartres und Reims lernten die deutschen Bildhauer, welche die großartigen, frühgotischen Figuren an den Domen in Naumburg, Bamberg und Straßburg geschaffen haben.

Seit dem Entstehen der romanischen und gotischen Dome sind Jahrhunderte vergangen – eine Zeit unübersehbaren Wandels, der Zerstörung und des Wiederaufbaus. Aber noch immer sind es diese Wunderwerke aus Stein, die das Bild der alten europäischen Städte prägen.

Stifterfiguren am Dom zu Naumburg

19

6. Die Literatur der Kirche und des Ritterstandes

Wie Architektur und Bildkunst, so ist auch die Literatur des Mittelalters ein Zweig der Kultur der universalen Kirche. Ihre Sprache war das im ganzen Abendland gebräuchliche Latein, neben dem sich seit der Zeit Karls des Großen auch das Deutsche langsam verbreitete; ihr Thema war die christliche Heilsbotschaft, wie sie der große Kirchenlehrer *Aurelius Augustinus* (354–430) interpretiert hatte:

> „Der zum Gottesstaat gehörige Mensch ... ist durch die Gnade vorherbestimmt, durch die Gnade erwählt, durch die Gnade ein Fremdling auf Erden, ein Bürger im Himmel."

Die Abkehr von der vergänglichen Welt und das Streben nach der Gnade Gottes galt also als die höchste Aufgabe des mittelalterlichen Menschen; das ewige Reich im Himmel – dies war sein höchstes Ziel.

Im Dienste Friedrich Barbarossas war auch der Stand der niederen Adeligen zu Ansehen und Bildung gelangt. Dieser „Ritterstand" wandte sich nun, angeregt durch französische Vorbilder, ebenfalls der Dichtung zu, um s e i n Bild des adeligen Menschen zu gestalten. Konnte das asketische Ideal der Mönche auch für die Ritter gelten? War nicht auch „der werlte hulde" ein erstrebenswertes Ziel, die Ehre und das Glück in der ritterlichen Welt?

Die französischen „Troubadours" waren die Lehrer der deutschen „Minnesänger". Die Verehrung der Mutter Gottes als unerreichbares Vorbild der Schönheit und Tugend wandelte sich in ihren Liedern in die Verehrung der adeligen Dame.

> „Ō wol dir, wīp, wie rein ein nam!
> wie sanft er doch z'erkennen und ze
> nennen ist!"

Ihren Höhepunkt findet diese Lyrik im Werk *Walthers von der Vogelweide*

Walther von der Vogelweide

(† um 1230). In seiner reifen Kunst kennt Walthers Frauenideal jedoch keine Standesunterschiede mehr, und er besingt nicht mehr allein die nie gestillte Sehnsucht nach der Geliebten, sondern auch die glückliche Vereinigung mit ihr:

„Unter der linden
an der heide
dā unser zweier bette was,
dā mugt ir vinden
schōne beide
gebrochen bluomen unde gras.
vor dem wald in einem tal
tanderadei,
schōne sanc diu nachtegal."

Ein unbekannter bayerischer Dichter schrieb um 1200 das *Nibelungenlied*. Wie das ältere Hildebrandslied schildert dieses Epos einen tragischen Konflikt aus der Zeit der Völkerwanderung: die Ermordung des jungen Königs Siegfried in Worms durch Hagen und die Rache der unglücklichen Königin Kriemhild, die die Burgunder am Hof des Hunnenkönigs Attila in Ungarn in den Tod stürzt.

Hartmann von Aue († 1215) und *Wolfram von Eschenbach* († 1220) beschreiben in ihren Epen die sagenhafte Welt des keltischen Königs Artus und seiner Ritter; *Gottfried von Straßburg* († 1220) verherrlicht in seinem tragischen Versroman „*Tristan und Isolt*" (um 1210) die irdische Liebe als göttliche Macht.

Mit dem Nibelungenlied, den Liedern Walthers und den Epen Wolframs, Hartmanns und Gottfrieds erlebte die deutsche Literatur des Mittelalters ihre höchste Blüte.

Unter allen Artusepen ist Wolframs „*Parzival*" (um 1200) vielleicht das bedeutendste Werk und der klarste Spiegel der Ideale seiner Zeit. Nach langer Irrfahrt findet Parzival den Weg zu seinem Heil; er wird König der Gralsburg und Hüter des „Gral", eines wunderbaren Edelsteins, der irdisches Glück und zugleich Gottes Segen bringt.

„Wes Leben so sich endet,
Daß er Gott nicht entwendet
Die Seele durch des Leibes Schuld
Und wer daneben noch die Huld
Der Welt mit Ehren sich erhält,
Der hat sein Leben wohl bestellt."

So hat Parzival, die Idealgestalt eines christlichen Ritters, sein Ziel erreicht: die Versöhnung der Huld Gottes mit der Huld einer göttlich geordneten Welt.

Bald jedoch zerbrach dieses Ideal an der rasch sich ändernden Wirklichkeit. Die geistlichen und die weltlichen Gewalten waren zu unversöhnlichen Feinden geworden; mit dem Kaiser verlor auch der Ritterstand seine einstige Bedeutung. Das „heilige Reich" löste sich auf, und die „heilige Kirche" war durch ihren langen Kampf mit dem Kaiser, durch ihren Reichtum und ihre Macht verweltlicht.

Tief religiöse Menschen wie der gelehrte Mönch *Meister Eckart* († 1327) wandten sich daher ganz von der Welt ab und suchten in der *„Mystik"* einen persönlichen, innerlichen Weg zu Gott; anderen ließ die erwachende Lebensfreude die „Huld Gottes" gleichgültig werden, das erwachende Vertrauen auf die eigene menschliche Kraft.

Der eine Weg führte zu Luther und der Reformation, der andere zur Renaissance und zum Humanismus. Das Mittelalter geht zu Ende, eine neue Zeit bricht an.

7. Die Reformation

Der Ruf nach einer Reform der verweltlichten Kirche war schon lange laut geworden. Doch weder die großen Konzilien des 15. Jahrhunderts noch die radikale Kritik des John Wiclif in England und des Johannes Hus in Böhmen führte zu einer grundlegenden Erneuerung der Kirche. Aus eigener Kraft war sie dazu nicht mehr imstande.

Martin Luther (1483–1546), Augustinermönch und Professor der Theologie an der Universität Wittenberg, war tief beunruhigt über die Frage: *Wie kann der sündige Mensch die Gnade Gottes erlangen und seine Seele retten?*

Damals reisten „Ablaßprediger"

Martin Luther

23

durch das Land. Sie forderten die Gläubigen auf, Geld für den Bau der Peterskirche in Rom zu zahlen und sich dadurch einen „Ablaß" ihrer Sündenstrafen zu „kaufen". Durch diese und ähnliche Mißbräuche mußte der Eindruck entstehen, der Mensch könne durch äußerliche „gute Werke" allein seine Seele retten. Luther dagegen kam durch das Studium der Bibel, besonders des Römerbriefes, zu einer anderen Auffassung:

> „Das erste und höchste, alleredelste gute Werk ist der Glaube an Christum."

Nicht durch gute Werke also – so lehrt Martin Luther – sondern allein durch den Glauben kann der Mensch die Gnade Gottes erlangen. Unter Glauben versteht Luther freilich nicht nur etwas für wahr halten, was Gott gesagt hat, sondern vor allem Vertrauen und Hingabe an ihn.

1517 veröffentlichte er seine 95 Thesen, die den Ablaßhandel kritisierten. In wenigen Tagen waren sie in ganz Deutschland verbreitet. Luthers Disputation mit katholischen Theologen führte ihn schließlich zu Folgerungen, die die Grundlagen der alten Kirche in Frage stellten.

Die katholische Kirche lehrt:	*Luther lehrt:*
1. Der Mensch erwirbt die Gnade Gottes durch den Glauben und durch die „Gnadenmittel" (dies sind die Sakramente, die Ablässe, die guten Werke u. a.).	1. Der Mensch erwirbt die Gnade Gottes allein durch den Glauben. Es gibt darüber hinaus keine Gnadenmittel.
2. Der Papst und die Priester haben von Gott die Vollmacht, diese Gnadenmittel zu verwalten und zu verteilen.	2. Es gibt daher auch keinen besonderen Priesterstand und keinen Papst, die die Vollmacht hätten, Gnadenmittel zu verwalten und zu verteilen.
3. Die Päpste und Konzilien haben dies gelehrt; die Glaubensquellen sind also die Bibel und die Tradition.	3. Die Päpste und Konzilien können irren; die einzige Glaubensquelle ist die Bibel.

Luther verkündete also einen persönlichen Weg zu Gott; nach seiner Lehre brauchte der Gläubige die Vermittlung der Kirche nicht. Der Bruch mit der alten Kirche war unvermeidlich.

In den Jahren 1520 bis 1530 nahmen fast alle norddeutschen Fürsten und mit ihnen ihre Untertanen die neue Lehre an, die sich bald auch in Skandinavien verbreitete. *Ulrich Zwingli* (1484–1531), *Johann Calvin* (1509–1564) und der englische König *Heinrich VIII.* (1491–1547) führten wenig später, angeregt durch Martin Luther, die Reformation auch in der Schweiz und in Westeuropa durch.

Heute sind mehr als 50 Prozent aller Deutschen und Schweizer Anhänger der Reformatoren, „Protestanten".

8. Das kulturelle Leben im Zeitalter der Reformation (etwa 1450–1550)

Durch den Handel, besonders mit den italienischen Stadtstaaten Venedig, Mailand, Florenz und Genua, waren die süddeutschen Städte Augsburg, Nürnberg und Ulm reich geworden; Kaufleute aus Straßburg, Mainz und Köln bereisten Frankreich, Flandern und England; in Norddeutschland hatten sich unter der Führung Lübecks über 100 Städte zu dem Bund der

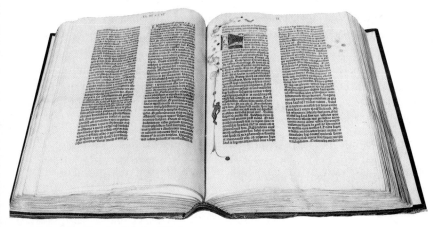

Gutenbergs 42zeilige lateinische Bibel

„Hanse" zusammengeschlossen, die den ganzen Nord- und Ostseehandel beherrschte.

Nicht mehr der geistliche Stand und das Rittertum prägte das kulturelle Leben im Spätmittelalter und zur Zeit der Reformation, sondern das Bürgertum dieser aufblühenden Städte.

Um 1450 erfand *Johannes Gutenberg* († 1468) in Mainz die Kunst des Buchdrucks mit beweglichen Lettern. Seine 42zeilige lateinische Bibel gilt als das „Meisterwerk der Druckkunst" bis auf den heutigen Tag.

> „Die Erfindung der Buchdruckerkunst ist das größte Ereignis der Weltgeschichte."

Der französische Dichter Victor Hugo beschreibt mit diesem Satz die unermeßliche Bedeutung des Buchdrucks für das kulturelle Leben der ganzen Welt.

1521 hat *Martin Luther* die Bibel ins Deutsche übertragen. Dank Gutenbergs Erfindung verbreitete sich diese großartige Übersetzung in ganz Mitteleuropa. Damit wurde der Reformator zugleich zu einem der Schöpfer der deutschen Schriftsprache:

> „Wenn ich mit Menschen- und mit Engelzungen redete und hätte der Liebe nicht, so wäre ich ein tönend Erz oder eine klingende Schelle. Und wenn ich weissagen könnte ... und hätte allen Glauben, daß ich Berge versetzte und hätte der Liebe nicht, so wäre ich nichts."

So wurde mitten in einer Zeit der staatlichen und religiösen Zersplitterung die Grundlage geschaffen für eine gemeinsame deutsche Sprache und Kultur.

Aus Italien verbreiteten sich die Ideen einer neuen Philosophie und Kunst. Nicht das christliche Mittelalter war mehr ihre Quelle, sondern die Welt der alten Griechen und Römer; nicht mehr Gott war ihr zentrales Thema, sondern der Mensch.

> „Das Zentrum des Universums ist der vernunftbegabte Mensch."

So lautete das stolze Wort eines italienischen Gelehrten jener Zeit.

Der souveräne und starke Mensch der Antike – das war das Ideal der Philosophie und Literatur, die man als „Humanismus" bezeichnet; Harmonie und Klarheit waren die Ziele jener neuen Kunst, der Kunst der „Renaissance".

Die religiösen Bilder *Matthias Grünewalds* († 1528) wie der „Isenheimer Altar" und die Skulpturen *Tilman Riemenschneiders* († 1531) atmen noch den Geist des Mittelalters. Im Werk des größten deutschen Malers *Albrecht Dürer* (1471–1528) verschmilzt die mittelalterlich-deutsche Tradition mit den Anregungen der italienischen Renaissance. Seine Kupferstiche und Holzschnitte zur Heiligen Schrift sind Höhepunkte spätgotischer Kunst. In dem großartigen Werk der „Vier Apostel" vereinen sich deutsch-niederländische Ausdruckskraft mit südlicher Klarheit der Form.

Albrecht Dürer, Vier Apostel

Aber nicht nur Kunst und Literatur blühten in den reichen italienischen und französischen, englischen, niederländischen und deutschen Städten. *Langsam entwickelte sich dort ein ganz neuer Zweig der Kultur, der für die Zukunft noch bedeutender war, die moderne Wissenschaft und Technik.*

Die Uhren und Meßinstrumente aus Nürnberg wurden in der ganzen damals bekannten Welt bewundert. 1543 erschien in derselben Stadt eines der berühmtesten Werke der Wissenschaft, „Von den Umdrehungen der Himmelskreise" von *Nikolaus Kopernikus* (1473–1543). Während des Mittelalters glaubte man, daß die Erde in der Mitte des Universums ruhe. Kopernikus dagegen erkannte um etwa 1509, daß die Erde nur einer der Planeten ist, die sich um die Sonne bewegen.

„Doch unter allen Entdeckungen und Überzeugungen möchte nichts eine größere Wirkung auf den menschlichen Geist hervorgebracht haben als die Lehre des Kopernikus."

Dies ist das Urteil Goethes. *Jahrtausendealte Vorstellungen von der Welt und*

Das Rathaus
in Augsburg,
ein Gebäude
der späten
Renaissance
(1615–1620)

dem Universum waren mit dieser Entdeckung erschüttert, ein jahrhunderte-
alter Glaube bedroht. Johannes Kepler (1571–1630), Galileo Galilei
(1564–1642), Isaac Newton (1643–1727) und schließlich Albert Einstein
(1879–1955) haben das Werk des Kopernikus weitergeführt.

Die großen Entdeckungsfahrten der Spanier, der Portugiesen und später der
Engländer, Holländer und Franzosen wären ohne die genauen Meßinstrumente und ohne die neuen Kenntnisse in der Astronomie nicht denkbar
gewesen. Fernste Länder, Nord- und Südamerika, Ostasien und Australien
traten in den Gesichtskreis Europas; die Kultur der europäischen Völker
verbreitete sich über die ganze Welt, gleichzeitig aber auch ihre Herrschaft
und ihr Streben nach Macht.

Die Reformation, der Humanismus und die Renaissance und die großen
Entdeckungen leiten eine neue Epoche der Weltgeschichte ein, die NEUZEIT.

28

9. Gegenreformation, Glaubenskriege und Absolutismus (von 1545 bis in das 18. Jahrhundert)

Der Habsburger *Kaiser Karl V.* (1519–1556) hatte ein Reich geerbt, in „dem die Sonne nicht unterging". Seine Herrschaft reichte von Österreich und Böhmen über Italien, Burgund, den Niederlanden und Spanien bis Südamerika.

Die Wahrung der Einheit des Reiches und der Einheit der Kirche war Karls großes Ziel, das ganz im mittelalterlichen Sinne sein Handeln bestimmte. Der Konflikt mit Luther und den deutschen Fürsten, die die neue Lehre angenommen hatten, war daher unvermeidlich.

Der Kampf endete unentschieden – trotz der Macht des Kaisers. Denn in der Front seiner Gegner standen nicht nur die deutschen protestantischen Fürsten, sondern auch der französische König, die italienischen Städte, die Türken, ja sogar der Papst. Mit dem *Augsburger Religionsfrieden* (1555) beendete der Kaiser den Krieg. Die protestantischen Fürsten hatten ihre Selbständigkeit behauptet.

Karls Lebenswerk, die Wahrung der Einheit der Kirche und des Reiches, war gescheitert, die konfessionelle und politische Teilung Deutschlands besiegelt.

Aber der Friede von 1555 hatte die politischen und religiösen Konflikte nicht völlig gelöst. Von neuem verschärften sich die Spannungen, als nach dem *Konzil von Trient* (1545–1563) die katholische Kirche wieder zu einer moralischen und politischen Macht wurde. Die „*Gegenreformation*" setzte ein.

Die bayerischen Herzöge führten in ihrem Territorium die Gegenreformation durch. Aufgrund ihres Eingreifens wurde auch das Erzbistum Köln wieder katholisch. Dies war entscheidend für den altkirchlichen Glauben in Süddeutschland und im Rheinland. Diese Gebiete sind noch heute zum großen Teil katholisch. Je weiter die Katholiken in Deutschland vordrangen, um so mehr wuchsen die Spannungen. Der gewaltsame Versuch der Habsburger, die Gegenreformation auch in Böhmen durchzuführen, wurde von den Protestanten mit Gewalt beantwortet.

Das Abendland stürzte in eine der größten Katastrophen seiner Geschichte, den Dreißigjährigen Krieg (1618–1648). Als er nach drei furchtbaren Jahrzehnten zu Ende ging, war Mitteleuropa ein verwüstetes Land.

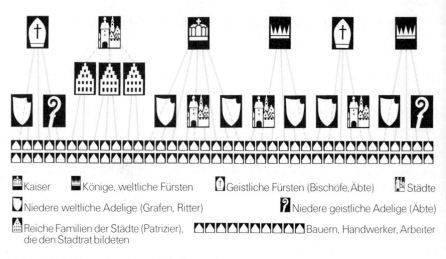

🏛Kaiser ⚜Könige, weltliche Fürsten ✝Geistliche Fürsten (Bischöfe, Äbte) 🏰Städte

🛡Niedere weltliche Adelige (Grafen, Ritter) ⚡Niedere geistliche Adelige (Äbte)

🏛Reiche Familien der Städte (Patrizier), ◣◤◣◤◣◤◣◤Bauern, Handwerker, Arbeiter
die den Stadtrat bildeten

Schematische Darstellung der politischen und sozialen Struktur der absolutistischen Staaten.

Die politischen Folgen waren tiefgreifend. Die Vormacht der Habsburger war gebrochen; Frankreich und Schweden wurden nun die führenden Mächte. Die Niederlande und die Schweiz schieden endgültig aus dem Reich aus und sind bis heute selbständige Staaten. Aber auch die anderen deutschen Fürsten hatten durch die Schwäche des Kaiserhauses praktisch ihre Selbständigkeit erlangt.

In ihren eigenen Territorien gelang es den Königen und Fürsten, die niederen Adeligen zu entmachten. Damit vereinigten sie alle Staatsgewalt in ihrer Hand.

„L'état c'est moi" – „Der Staat bin ich."

Dieses Wort des französischen Königs Ludwig XIV. gilt nicht weniger für die deutschen Fürsten jener Zeit. Die europäischen Fürsten und Könige waren zu absolutistischen Herrschern geworden.

Damals also entstanden in Mitteleuropa die selbständigen kleinen Staaten, aus denen später die deutschen „Länder" wie Preußen, Sachsen, Hessen, Württemberg, Baden und Bayern hervorgingen.

Diese Länder haben heute wieder eigene Regierungen und Parlamente, ein eigenes staatliches und kulturelles Leben, dessen Tradition weit in die Geschichte zurückreicht.

10. Die Kultur des Absolutismus – das Barock (von etwa 1600 bis 1750)

Zwei Mächte waren es vor allem, die das politische Geschehen im 17. Jahrhundert bestimmten: der absolutistische Staat und die wiedererstarkte absolutistische Kirche. Kirche und Fürstenhof – dies waren zugleich die Träger einer gewandelten Kultur, der Kultur des Barock.

Ihrer neuen Macht und ihrem Bedürfnis nach Repräsentation entsprach die schlichtere Kunst der Renaissance nicht mehr. Zwar sind deren Grundformen noch deutlich erkennbar. *Aber die Ruhe und Klarheit der Formen der Renaissance verwandelte sich nun in Bewegung, Fülle und Pracht.*

Wieder waren es romanische Länder, in denen sich der Stil zuerst änderte. Rom war das Zentrum der Gegenreformation; in Italien hatte der große Maler, Bildhauer und Architekt *Michelangelo* (1475–1564) die neue Kunst vorbereitet und der Bildhauer *Bernini* (1598–1680) sie zu einem Höhepunkt geführt.

Besonders stark war naturgemäß der italienische Einfluß in Süddeutschland und Österreich. Dort entstanden prächtige Kirchenbauten wie der Salzburger Dom, die Theatinerkirche in München, die Wallfahrtskirche Vierzehn-

Schloß Nymphenburg in München

31

heiligen in Franken und die Klosterkirche in Ottobeuren in Schwaben. Zahllose Pfarrkirchen aus der Zeit des Barock prägen noch immer das Bild der süddeutschen und österreichischen Dörfer und Städte und sind bis heute Mittelpunkte ihres religiösen Lebens.

Versailles, die Residenz des französischen Königs, war das Vorbild zahlreicher Fürstenschlösser; man denke an das Schloß Nymphenburg in München, die Residenz der Fürstbischöfe in Würzburg, an die kaiserliche Hofburg in Wien oder an die Schlösser der preußischen Könige in Berlin.

In den Jahrzehnten nach 1700 klingt die Kunst des Barock in den leichteren und zierlicheren Formen des *Rokoko* aus. Die Wieskirche in Oberbayern, erbaut von *Domenikus Zimmermann* (1685–1766), ist vielleicht das schönste Beispiel dieses Stils.

Neben Rom wurde Madrid zu einem Mittelpunkt der wiedererstarkten katholischen Welt. Spanien ist die Heimat des Jesuitenordens; in Spanien erlebte die katholische Dichtung eine Zeit der Blüte, deren Einfluß selbst das protestantische Norddeutschland erfaßte.

„Du siehst wohin du siehst, nur Eitelkeit auf Erden,
Was dieser heute baut, reißt jener morgen ein;
Wo itzund Städte stehn, wird eine Wiese sein,
Auf der ein Schäferskind wird spielen mit der Herden."

Der Schatten des Dreißigjährigen Krieges liegt über der Dichtung des Barock; die Vergänglichkeit der Welt und die Herrlichkeit des Himmels sind wie in dieser ersten Strophe eines Sonetts von *Andreas Gryphius* (1616–1664) ihre thematischen Pole. Krieg und Vergänglichkeit sind Themen auch des ersten bedeutenden Romans in deutscher Sprache, des „Simplizissimus" von *Hans Jakob Christoph von Grimmelshausen* (1620–1676).

Im katholischen Süden erinnern Werke der bildenden Kunst, der Architektur, Plastik und Malerei, an die Kultur des Barock. Im protestantischen Mittel- und Norddeutschland dagegen blühte neben der Dichtkunst vor allem die Musik.

Johann Sebastian Bach (1685–1750) gilt als einer der größten Meister dieser Kunst. Von der Geburtsstadt Eisenach in Mitteldeutschland führte sein Weg über den Fürstenhof in Weimar nach Leipzig, wo er 1750 als Kantor der Thomaskirche starb. Man hat seine polyphonen Werke, seine Orgelmusik, seine Kantaten und Passionen als „gotische Kathedralen in Tönen" bezeich-

◁ Die barocke Wallfahrtskirche Vierzehnheiligen, erbaut von Balthasar Neumann (1687–1753), vollendet 1772

Johann Sebastian Bach und Friedrich II.

net, in denen sich rationale Klarheit mit tiefer, mystischer Religiosität vereint.

„O Haupt voll Blut und Wunden,
Voll Schmerz und voller Hohn,
O Haupt zu Spott gebunden
Mit einer Dornenkron."

Dieses ergreifende Kirchenlied des protestantischen Dichters *Paul Gerhardt* (1607–1676) wählte Bach als Choral seiner „Matthäuspassion" (1729).

Der zweite Höhepunkt der Musik des Barock ist das Werk *Georg Friedrich Händels* (1685–1759). 1712 verließ er den Fürstenhof in Hannover, um nach London zu ziehen. Nicht zuletzt durch sein Schaffen wurde diese Stadt zu einem Zentrum der Musik. Mehr als das verinnerlichte Werk Bachs erinnert seine „Wassermusik", aber auch sein „Messias" (1742) an den festlichen Glanz und die Pracht der Fürstenhöfe und Kirchen jener Zeit.

Die Mathematik, Naturwissenschaft und Philosophie des Barock erreichten ihre Gipfel in den Werken des Astronomen *Johannes Kepler* (1571–1630) und des universalen Gelehrten *Gottfried Wilhelm von Leibnitz* (1646–1716). Nach dessen Lehre besteht die Welt nicht aus toten Atomen, sondern aus belebten Kraftzentren, die er „Monaden" nannte und deren höchste Gott ist.

Das Bemühen um Toleranz und das Weltbürgertum dieser Gelehrten weisen bereits über das Barock hinaus und schlagen die Brücke zu einer neuen Zeit, der Zeit der Aufklärung und der Klassik, der Generation Lessings, Kants und Goethes.

11. Der Verfall des Absolutismus und die Entstehung des modernen Staates (von etwa 1700 bis 1800)

Der Absolutismus war für die europäische Geschichte von großer Bedeutung. Der Aufbau eines stehenden Heeres und vor allem einer zentral geleiteten Bürokratie – das waren die großen Leistungen der Herrscher jener Zeit. Dadurch haben sie ihr Land zu einem Staatsgebiet gemacht und den modernen Staat vorbereitet.

Den modernen Staat zu vollenden waren sie jedoch nicht in der Lage. Unter ihrem Schutz erstarkte das Bürgertum; aber je stärker und selbstbewußter es wurde, desto unerträglicher erschienen die Mängel jenes Systems: die Unfreiheit, die Ungleichheit des Rechts und der oft despotische Mißbrauch der Macht. Eine radikale Kritik am Absolutismus war die Folge.

Wirksam wurde diese Kritik zunächst nicht in Mitteleuropa, sondern in den westlichen Ländern. Dort aber führte sie zu Entscheidungen, deren Folgen schließlich die ganze Welt erfaßten.

Ein neues Idealbild eines Staates entwarf der englische Philosoph *John Locke* (1632–1704):

Alle Menschen sind von Natur frei und gleich. Zur Sicherung des Friedens und der Wohlfahrt vereinigen sie sich in einem Staat und schließen mit den Regierenden einen „Vertrag". Weder ein göttlicher Wille noch der Wille eines absoluten Herrschers begründen also den Staat, sondern allein der Wille des souveränen Volks.

Durch den französischen Denker *Montesquieu* (1689–1755) wurde diese neue Lehre in ganz West- und Mitteleuropa verbreitet. Sie wirkte wie eine Kriegserklärung an das „ancien régime", die veraltete Ordnung des Staates und der Gesellschaft.

1776 lösten sich die englischen Kolonien in Amerika vom Mutterland und gründeten einen eigenen Staatsverband, die Vereinigten Staaten von Amerika. Zum erstenmal in der Geschichte wurde der Staatsvertrag in Form eines Dokumentes niedergelegt, einer „Konstitution" oder „Verfassung".

„Alle Macht ruht im Volk."

Dies ist ihr oberster Grundsatz. Jene „Virginia Bill of Rights" von 1776 ist das Vorbild der Verfassungen aller freiheitlichen Demokratien in der ganzen Welt. Auch das „Grundgesetz der Bundesrepublik Deutschland" geht letztlich auf jenes Dokument zurück.

Mit der großen Revolution von 1789 endete der Absolutismus in Frankreich. Das Beispiel der USA wirkte wiederum auf Europa:

„Bürgerliche Freiheit..., Freiheit der Industrie, Freiheit des Handels, Freiheit der Religion, Freiheit der Meinung, Freiheit der Presse, Freiheit der Sachen und Menschen – die ganze Regierungskunst liegt darin beschlossen."

Französische Staatsmänner wie *Mirabeau* (1749–1791) und *La Fayette* (1757–1834) forderten diese „Naturrechte des Menschen" aus der „Bill of Rights" auch von den Herrschern des alten Kontinents. Frankreich erhielt eine Verfassung; eine neue Staats- und Gesellschaftsordnung sollte geschaffen werden – beruhend auf Freiheit und Gleichheit.

Doch aus dem Chaos der Revolution entstand zunächst noch keine dauerhafte Demokratie. Gewaltherrscher rissen die Macht an sich, zuerst *Robespierre* (1758–1794), schließlich *Napoleon Bonaparte* (1769–1821). Von ihnen führt eine gerade Linie zu den Diktatoren, die in den Revolutionen unseres Jahrhunderts an die Macht gekommen sind.

Eine Rückkehr zum Absolutismus bedeutete ihre Herrschaft dennoch nicht. Zwar ist in der Mißachtung der Freiheit der moderne totalitäre Staat mit dem Absolutismus verwandt. Die zweite große Idee, welche die Revolutionen in Amerika und in Frankreich bestimmte, wurde im Laufe der Zeit jedoch fast überall verwirklicht.

„Die Ausübung der bürgerlichen Rechte ist unabhängig vom Stand des Staatsbürgers."

Mit diesem Grundsatz beginnt das für viele Staaten vorbildliche Gesetzbuch Napoleons, der „Code Civil". Zum erstenmal in Europa verkündete es konsequent das Prinzip der „égalité", der Gleichheit des Rechts.

So wurden in den Jahren der Französischen Revolution in Amerika und in Europa die zwei Staatsformen geboren, welche die Weltgeschichte bis heute bestimmen: die moderne Demokratie und die moderne Diktatur.

Abermals stehen wir an einer Zeitenwende. Aber es sind nicht nur politische Ereignisse, die den Beginn einer neuen Epoche ankündigen.

12. Von der Aufklärung bis zum Sturm und Drang (von etwa 1700 bis 1780)

Während die Vereinigten Staaten und die großen westeuropäischen Länder allmählich erstarkten und im staatlichen und gesellschaftlichen Leben zu Trägern des Fortschritts wurden, Mitteleuropa aber noch immer in Hunderte von schwachen, oft despotisch regierten Fürstentümern zersplittert war, wirkten Lessing und Herder, Kant und Hegel, Goethe und Schiller, Haydn, Mozart und Beethoven.

In jener Zeit der politischen Ohnmacht und Rückständigkeit Deutschlands also erlebte die deutsche Kultur die höchste Blüte ihrer Geschichte.

Das Jahrhundert der Religionskriege war zu Ende gegangen; neue Ideen verbreiteten sich von Frankreich und England aus über Europa, die Ideen der *Aufklärung* und des *Klassizismus*. „Habe Mut, dich deines eigenen Verstandes zu bedienen!" So lautet der Grundsatz der Aufklärung. Das Streben nach der „edlen Einfalt und stillen Größe" der antiken Kunst – dies ist das Wesen des Klassizismus.

Nicht mehr eine bewegte Fülle von barocken Schmuckformen also prägte den neuen Stil, sondern Klarheit und Ruhe. Nicht mehr der Glaube an die kirchlichen Dogmen, der zu so viel Streit und Zwietracht geführt hatte, bestimmte den neuen Geist, sondern das Vertrauen auf die Macht der Vernunft.

Im Werk *Gotthold Ephraim Lessings* (1729–1781) sind diese Ideen durch

Das klassizistische Brandenburger Tor in Berlin (1788–1791)

eine tiefe Humanität veredelt. Der Kern aller Religionen, die echte Menschenliebe, sollte die Menschen verschiedener Völker und Konfessionen vereinen. Das ist die Botschaft seines Dramas „Nathan der Weise" (1779).

„Sind Christ und Jude eher Christ und Jude
Als Mensch? Ah! wenn ich einen mehr in Euch
Gefunden hätte, dem es g'nügt, ein Mensch
Zu heißen."

Wie Lessing ist auch *Johann Gottfried Herder* (1744–1803) ein leidenschaftlicher Verkünder der Humanität. Aus Kunst, Literatur und Musik versucht er die Seelen der Völker zu verstehen, die Einzelstimmen im großen Chor der Menschheit.

„... Griech' und Neuseeländer stimmt
obwohl verschiednen Tons, verschiedner Höh'
in einen Lobgesang: Wir waren Mensch!"

Deutschlands bedeutendster Denker, *Immanuel Kant* (1724–1804), hat in der „Kritik der praktischen Vernunft" (1788) diesen neuen Humanismus philosophisch begründet. Die menschliche Vernunft ist zwar nicht in der Lage, die Natur der Dinge zu erfassen – so lehrt er im Gegensatz zu den Aufklärern –, doch das Gesetz des richtigen Handelns, das für alle Menschen gültige „Sittengesetz", ist erkennbar.

Um 1770 erhoben sich die Stimmen einer jungen Generation. Shakespeare und Rousseau waren ihre neuen Vorbilder; Freiheitsliebe und Geniekult sprechen aus ihren Dichtungen, eine leidenschaftliche Verteidigung des Rechtes des Herzens und eine leidenschaftliche Anklage gegen eine herzlose Tradition. *Diese jugendliche Rebellion des Herzens und der Leidenschaft bezeichnet man als „Sturm und Drang".*

„Bester Freund, was ist das Herz des Menschen!"

So beginnt Goethes erster Roman „Die Leiden des jungen Werthers" (1774). 1782 wurde unter einem Sturm von Begeisterung das Drama des achtzehnjährigen Schiller aufgeführt, „Die Räuber". Leidenschaftlicher Zorn über die Bosheit der Welt macht den edlen Karl Moor zu einem Banditen:

„Räuber und Mörder! – So wahr meine Seele lebt,
ich bin euer Hauptmann! . . . Mein Geist dürstet nach Taten.
Mein Atem nach Freiheit!"

Die Ideen dieses revolutionären Sturm und Drang, des Humanismus und des Klassizismus verschmelzen in den Werken der KLASSIK, in denen die deutsche Literatur einen ihrer Höhepunkte erreicht.

13. Die deutsche klassische Dichtung – Schiller und Goethe

Friedrich Schiller

Die „Räuber" hatten den jungen *Friedrich Schiller* (1759–1805) mit einem Schlag bekannt gemacht. Vor allem sein Ruf nach Freiheit war es, der das Publikum begeisterte. Wenige Jahre später traf er in Weimar Goethe, mit dem ihn seit 1794 eine tiefe Freundschaft verband. Mit letzter Willenskraft hat er einem kranken Körper seine Werke abgerungen, bis ihn ein frühzeitiger Tod aus der Arbeit riß.

Die ewige Spannung zwischen dem „Ideal" und dem „Leben", zwischen der Welt, wie sie sein sollte und der Welt wie sie ist, war die Quelle von Schillers Dichtung; die Erfahrung, daß Freiheit und Menschenwürde, das „Rechte und Gute", immer wieder unterliegen, die Quelle ihrer Tragik.

„Solange er glaubt an die Goldene Zeit,
Wo das Rechte, das Gute wird siegen, –
Das Rechte, das Gute führt ewig Streit,
Nie wird der Feind ihm erliegen."

Schillers Dramen wie „Don Carlos" (1787) oder „Wilhelm Tell" (1804) sind die Zeugnisse seines eigenen Kampfes um Freiheit und Menschenwürde.

„Geben Sie, was Sie uns nahmen wieder! . . .
Ein Federzug von dieser Hand, und neu
Erschaffen wird die Erde. Geben Sie
Gedankenfreiheit!"

So fordert der Idealist Marquis Posa im „Don Carlos" um den Preis seines Lebens von dem tyrannischen König die geraubten Menschenrechte zurück. In der Trilogie „Wallenstein" (1799) gestaltet Schiller die Tragödie des berühmten Generals aus dem Dreißigjährigen Krieg. Wallensteins Schwanken zwischen Treue und Verrat, zwischen Gewissen und Ehrgeiz führt ihn in den Untergang, zur Ermordung auf dem Gipfel seiner Macht.

Wenige Persönlichkeiten übten eine größere Wirkung auf das geistige Leben des 19. Jahrhunderts aus als Schiller. Dies gilt nicht nur für Deutschland, sondern auch für die romanischen, angelsächsischen und skandinavischen Länder, nicht zuletzt für das zaristische Rußland.

Johann Wolfgang von Goethe (1749–1832) gilt bis heute als der größte Dichter deutscher Sprache.

Durch seine genialen Jugendgedichte aus der Zeit des „Sturm und Drang", besonders aber durch die „Leiden des jungen Werthers" war er schon weit über die Grenzen Deutschlands hinaus berühmt geworden, als ihn 1775 der junge Herzog von Weimar aus Frankfurt an seinen Hof berief. Durch das Wirken Goethes, Schillers und Herders wurde die kleine thüringische Residenzstadt zum geistigen Mittelpunkt Deutschlands.

1786 reiste Goethe nach Italien. Die Harmonie und die Klarheit der antiken

Kunst, die er dort kennenlernte, haben ihn tief beeindruckt. Mit dem Erlebnis dieser Reise beginnt ein neuer Abschnitt in Goethes Leben und Werk; die großen Dramen „Iphigenie auf Tauris", „Egmont", „Torquato Tasso" (1787) und Teile des „Faust" sind Schöpfungen dieser „klassischen Periode".

Die Tragödie „*Faust*" (1771–1831) ist vielleicht Goethes bedeutendste Dichtung. Sie ist das Drama eines nach Erkenntnis und Erfüllung strebenden Menschen. In seinem Streben verbindet sich Faust sogar mit dem Teufel, der ihm Glück und Macht verspricht; doch Faust weiß, daß auch dies ihn nicht befriedigen kann:

Johann Wolfgang von Goethe

„Werd ich zum Augenblicke sagen:
Verweile doch, du bist so schön!
Dann magst du mich in Fesseln schlagen,
Dann will ich gern zu Grunde gehn!"

Trotz seiner Irrtümer und seiner Schuld verliert Faust den Weg zu Gott nicht, weil jenes Streben zum Wesen echten Menschentums gehört.

„Gerettet ist das edle Glied
Der Geisterwelt vom Bösen,
Wer immer strebend sich bemüht,
Den können wir erlösen."

Mit diesen Worten nehmen die Engel Fausts Seele in den Himmel auf.

In kaum einem anderen Werk finden die Ideen der Klassik einen gültigeren Ausdruck als in dem Drama „Iphigenie auf Tauris". Die Priesterin Iphigenie bezwingt allein durch ihren Edelmut das Herz des Barbarenkönigs Thoas und erlöst ihr fluchbeladenes Geschlecht von Feindschaft, Schuld und Leid.

„*Alle menschlichen Gebrechen sühnet reine Menschlichkeit.*"
In diesem Satz hat Goethe das Humanitätsideal der deutschen Klassik zusammengefaßt.

14. Die Romantik

Verflochten mit den Ideen der Klassik und doch in mancher Hinsicht ihnen entgegengesetzt sind die Anschauungen der Romantik.

Während die Klassik sich an der Harmonie und Klarheit der antiken Kunst orientierte, „entdeckten" die Romantiker die Welt des Gefühls, der Phantasie und der Nacht, die Kultur des Mittelalters und die Kunst und Literatur des Volkes.

Nicht in vollendeter Form sahen sie das Wesen eines Kunstwerkes, sondern in „unendlicher Bewegung"; nicht die Plastik also, sondern die Musik war für sie die Schwesterkunst ihrer Dichtung, die Lyrik ihre angemessene Ausdrucksweise.

„Mondbeglänzte Zaubernacht,
Die den Sinn gefangen hält,
Wundervolle Märchenwelt,
Steig auf in der alten Pracht!"

Eine zauberhafte Stimmung erfüllt – ähnlich wie in diesem Nachtlied von *Ludwig Tieck* (1773–1853) – die Lyrik der romantischen Dichter *Novalis* (1772–1801), *Clemens Brentano* (1778–1842) oder *Josef von Eichendorff* (1788–1857); die ganze Natur erscheint wie beseelt:

„Schläft ein Lied in allen Dingen,
Die da träumen fort und fort,
Und die Welt hebt an zu singen,
Triffst du nur das Zauberwort."

Bereits Herder hatte 1778 seine „Stimmen der Völker in Liedern" herausgegeben; nun erschien 1805 die Volksliedersammlung „Des Knaben Wunderhorn". Tief ist ihr Einfluß auf die Lyrik der späteren Romantiker wie Eichendorff oder *Eduard Mörike* (1804–1875). Noch im Werk von *Heinrich Heine* (1797–1856) wirkt dieser Einfluß nach, dessen romantisches Gefühl freilich oft in bittere Ironie umschlägt. Viele romantische Gedichte wie Heines „Loreley" sind selbst wieder zu Volksliedern geworden:

„Ich weiß nicht, was soll es bedeuten,
Daß ich so traurig bin;
Ein Märchen aus alten Zeiten,
Das kommt mir nicht aus dem Sinn."

Die Brüder *Wilhelm Grimm* (1786–1859) und *Jakob Grimm* (1785–1863) erforschten die deutsche Sprache des Mittelalters und gaben die in aller Welt gelesenen „Kinder- und Hausmärchen" (1819) heraus.

Aber nicht nur die Entdeckung der Literatur des eigenen Volkes verdanken wir Herder und den Romantikern. Dem romantischen Drang in die Ferne entsprach die Begeisterung für die Literatur anderer Völker; Shakespeare, Dante, Calderon, Camoens, selbst arabische, persische und indische Dichter wurden in das Deutsche übersetzt und öffneten den Blick in die Welt reicher, fremder Kulturen.

Einsam und zu ihrer Zeit wenig beachtet schufen die beiden unglücklichen Dichter Heinrich von Kleist (1777–1811) und Friedrich Hölderlin (1770–1843) ihr heute bewundertes Werk. Ein dramatischer Konflikt zwischen Gesetz und Freiheit, zwischen Pflicht und Wollen ist das Thema von Kleists Schauspiel „Prinz Friedrich von Homburg" (1810):

„Das Kriegsgesetz, das weiß ich wohl, soll herrschen,
jedoch die lieblichen Gefühle auch."

Hölderlins Hymnen und Gedichte wie die Lieder an seine Geliebte Diotima zählen heute zur Lyrik der Weltliterlatur:

„Heilig Wesen! gestört hab ich die goldene
Götterruhe dir oft, und der geheimeren,
Tiefern Schmerzen des Lebens
Hast du manche gelernt von mir."

15. Die deutsche klassische und romantische Musik

Nicht allein die deutsche Philosophie und Literatur erlebte in den Jahrzehnten um 1800 eine Zeit der Blüte. Einen strahlenden Gipfel erreichte damals nicht zuletzt die abendländische Musik.

Ihr Zentrum war die Kaiserstadt Wien; ihre Wurzeln aber liegen in der Kultur vieler europäischer Völker. Bach hatte in seinem Werk fast die gesamte Tradition der abendländischen Musik verschmolzen, vom mittelalterlichen Choral über die altniederländische bis zur norddeutschen Polyphonie; Bach war es auch, der dieses reiche Erbe an die folgenden Generationen weitergab. Händel, Gluck und Haydn schlugen die Brücke zu England; vor allem aber sind es italienische Meister wie Palestrina und Monteverdi, Scarlatti und Vivaldi, denen die deutsche Musik am meisten verdankt.

Joseph Haydn (1732–1809) gilt als der Vater der Wiener Klassik. Er hat die Form der klassischen Sonate, des Quartetts und der Symphonie geprägt, wie wir sie heute kennen. In der Einsamkeit im österreichisch-ungarischen Grenzland, in Wien und in London schuf er sein gewaltiges Werk. Es umfaßt allein über 100 Symphonien, darunter die 12 Londoner Symphonien (1790–1795), und reicht von den ersten Quartetten bis zu den letzten Oratorien „Die Schöpfung" (1798) und „Die Jahreszeiten" (1801), in denen das verlorene Paradies den Menschen in der Musik zurückgegeben schien.

1756 wurde in Salzburg *Wolfgang Amadeus Mozart* geboren. Sein Lebensweg begann als „Wunderkind", das in München, Wien, Paris, London, Neapel und Mailand großartige Erfolge erlebte; Haydn war sein Lehrer und väterlicher Freund; Haydns Werk wurde zum Vorbild seiner Symphonien, Konzerte, Quartette und Sonaten. Die strahlende Heiterkeit und Harmonie seiner Schöpfungen („Die Hochzeit des Figaro", 1786, „Don Giovanni", 1787) lassen nicht ahnen, unter welcher Not und Krankheit Mozart oft litt.

„Ich lege mich nie zu Bett, ohne zu bedenken, daß ich vielleicht, so jung ich bin, den anderen Tag nicht mehr sein werde."

1778 schrieb Mozart an seinen Vater diesen Brief, in dem er den Tod den „besten Freund des Menschen" nannte, „den Schlüssel zu unserer wahren Glückseligkeit". Vier Jahre später schenkte der kranke Mozart der Welt ein letztes, von „wahrer Glückseligkeit" erfülltes Werk, „Die Zauberflöte". Noch im gleichen Jahr, am 5. 12. 1791, endete sein kurzes Leben in Armut und Verlassenheit.

Ludwig van Beethoven (1770–1827) ist der Tragiker unter den klassischen

Ludwig van Beethoven

44

Musikern, in seinem Lebensweg, seinem Werk und seiner Leidenschaft verwandt mit Friedrich von Schiller. In einer armen und zerrissenen Familie in Bonn wuchs er auf; als junger Mann kam er nach Wien, wo er von 1800 bis 1812 seine ersten acht Sympohnien schuf und wo ihn nach glänzenden Erfolgen das schwerste Unglück traf: der Verlust seines Gehörs.

„O ihr Menschen, die ihr mich für feindselig, störrisch oder misanthropisch haltet..., wie unrecht tut ihr mir... Wie hart wurde ich... zurückgestoßen, und doch war mir's noch nicht möglich, den Menschen zu sagen: sprecht lauter, schreit, denn ich bin taub."

Seine leidenschaftliche Musik scheint die Tragik dieses Lebens auszudrükken; dennoch endet die Neunte Symphonie (1823), von der er selbst keinen Ton gehört hat, mit Schillers Hymnus „An die Freude".

Der geniale Komponist der Lieder Goethes und der Romantiker war *Franz Schubert* (1797–1828). Sein kurzes Wirken schließt mit einer Vertonung eines Zyklus von Gedichten, „Die Winterreise" (1827). Es ist ein Werk, erfüllt von romantischer Melancholie, über dem bereits die Schatten des Todes liegen.

„Einen Weiser seh' ich stehen
unverrückt vor meinem Blick,
eine Straße muß ich gehen,
die noch keiner ging zurück."

Wenige Monate später endete sein kurzes, von Leid und Krankheit gezeichnetes Leben. Wie Schubert ist auch *Robert Schumann* (1810–1856) ein Lyriker unter den Musikern, dem wir viele der bekanntesten romantischen Lieder verdanken.

Der Schöpfer der romantischen Oper ist *Carl Maria von Weber* (1786–1826), ihr Vollender *Richard Wagner* (1813–1883). Nach einem bewegten Leben als Revolutionär und Emigrant wurde Wagner vom bayerischen König nach München gerufen; in Bayreuth entstand das Festspielhaus, in dem noch heute die Opern Wagners wie „Tannhäuser" (1845), „Tristan" (1859) oder „Der Ring der Nibelungen" (1871) aufgeführt werden. Schuld, Leid und Erlösung, Liebe und Tod sind ihre Themen, musikalisch gestaltet im Rahmen mittelalterlicher Mythen und Sagen.

Mit den Symphonien von *Johannes Brahms* (1833–1897) und *Anton Bruckner* (1824–1896), der geistlichen Musik *Max Regers* (1873–1916) und den symphonischen Dichtungen und Opern von *Richard Strauss* (1864–1949) endet die späte Romantik.

Unter dem Einfluß der deutschen klassischen und romantischen Musik schufen die Skandinavier Grieg und Sibelius, die Slawen Chopin, Smetana und Dvořák, Tschaikowsky, Mussorgsky und viele andere ihre Meisterwerke, die dennoch ihren eigenen Charakter wahren und die Musikkultur ihrer Nationen zu hoher Blüte führten.

Wie die deutsche Musik im 17. und 18. Jahrhundert von der Tonkunst anderer Völker gelernt hatte, so wurde sie im 19. und 20. Jahrhundert zu ihrem großen Vorbild.

16. Der Weg zur nationalen Einigung Deutschlands unter Bismarck (von 1814 bis 1871)

Dasselbe Deutschland, das um 1800 eine strahlende Kultur geschaffen hatte, war politisch noch immer beinahe ein Vakuum, von Dutzenden kleiner Fürsten beherrscht, von Hunderten von Staatsgrenzen zerteilt.

Nun aber weckten besonders die Ideen der Romantik, verstärkt durch das Erlebnis der Fremdherrschaft unter Napoleon, den Wunsch nach nationaler Einheit. *„Was ist des Deutschen Vaterland? Soweit die deutsche Zunge klingt!"* Das war das Schlagwort, das die deutschen Patrioten geprägt hatten.

Gleichzeitig entzündeten die Gedanken der Aufklärung und des Humanismus, das Vorbild Frankreichs und der USA auch in Mitteleuropa das Streben nach Freiheit, nach liberalen Staaten mit Parlamenten und Verfassungen. *„Das Reich ist der Bund der Freien."* So hat der Philosoph *Johann Gottlieb Fichte* (1762–1814) für Deutschland dieses Ideal formuliert.

Das Ringen um nationale und freiheitliche Staaten gegen die konservativen Mächte – dies ist der Inhalt der politischen Geschichte Europas des 19. Jahrunderts.

Nach der Niederlage Napoleons 1814 siegte zunächst die Reaktion. Die alten Monarchien Preußen, Österreich, Bayern usw. wurden auf dem Wiener Kongreß (1815) zum großen Teil wiederhergestellt. 1848 brach in ganz Europa eine nationale und liberale Revolution aus. Sie scheiterte, zeigte aber

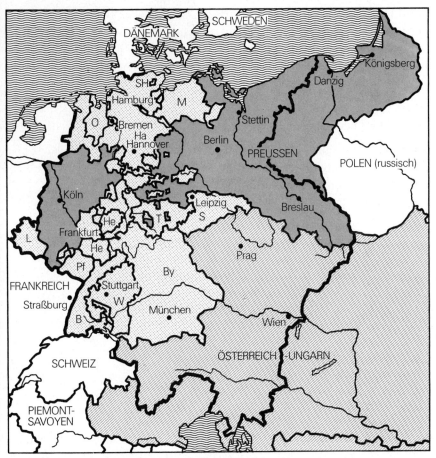

Die deutschen Staaten nach dem Wiener Kongreß 1815
SH Schleswig-Holstein, *M* Mecklenburg, *O* Oldenburg, *Ha* Hannover, *He* Hessen, *T* Thüringer
Staaten, *S* Sachsen, *Pf* Pfalz, *Bd* Baden, *W* Württemberg, *By* Bayern

deutlich, daß jene Restauration der alten Staaten weder den Ideen noch den
wirtschaftlichen Bedürfnissen der neuen Zeit entsprach. Die nationale Vereinigung blieb das Gebot der Stunde.

*Otto von Bismarck (1815–1898), der preußische Ministerpräsident, war es, der
die Führung der deutschen Einigungsbewegung übernahm.*

Bismarck stammte jedoch nicht aus den Kreisen der romantischen Patrioten und Liberalen. Er war ein konservativer, monarchisch gesinnter Staatsmann, dessen kluge Politik durch Realismus und Härte bestimmt war:

„Die einzig gesunde Grundlage eines großes Staates ist der staatliche Egoismus und nicht die Romantik."

War es möglich, auch die österreichische Monarchie mit ihren vielen nichtdeutschen Nationalitäten, mit Italienern, Ungarn und Slawen, in das neue

Otto von Bismarck

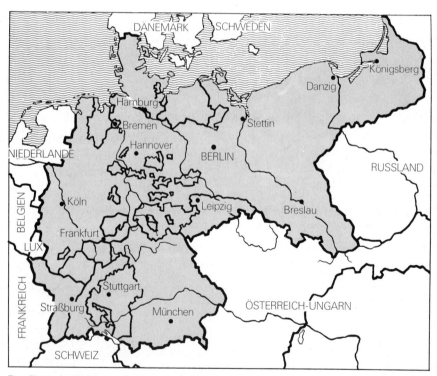

Das Deutsche Reich zur Zeit Bismarcks (1871)

48

Reich aufzunehmen? Dies war die schwierigste Frage der deutschen Patrioten und Staatsmänner. Bismarck verneinte sie. Österreich auszuschließen war also das Ziel seiner Politik.

Österreich widersetzte sich daher der Einigung Deutschlands unter Preußens Führung; ebenso Frankreich, das eine Stärkung der deutschen Macht fürchtete. Beide Länder wurden 1866 und 1871 in zwei kurzen Kriegen besiegt. Damit hatte Bismarck 1871 die Einigung Deutschlands „durch Blut und Eisen" erzwungen.

In Mitteleuropa entstand so nach jahrhundertelangem Vakuum ein mächtiges Reich. Aber es war ein Reich, das den großen Idealen der Einheit und Freiheit doch nicht völlig entsprach. Es war kein „Vaterland aller Deutschen", denn Österreich fehlte, und es war kein „Reich der Freien", denn an seiner Spitze stand eine konservative, autoritäre Regierung.

Die Folgen waren politische und soziale Spannungen, die erst in den Katastrophen unseres Jahrhunderts zum Ausbruch kamen.

17. Vom Ideal zur Wirklichkeit – Aus dem geistigen Leben des neunzehnten Jahrhunderts

Weit überstrahlten die Schöpfungen des Humanismus, der Klassik und der Romantik das geistige Leben am Anfang des 19. Jahrhunderts. Was Goethe und Schiller für die Literatur bedeuteten, waren Kant und seine Schüler auf dem Gebiete der Philosophie.

Einer der größten unter ihnen war *Friedrich Hegel* (1770–1831). Kaum ein Philosoph hatte einen stärkeren Einfluß auf seine Zeit als er. Das Menschengeschlecht, die Verkörperung des „Weltgeistes", entwickle sich im Laufe der Geschichte in dialektischen Schritten zu immer größerer Freiheit und Vollkommenheit, zu immer größerer Entfaltung der göttlichen Vernunft.

„Der einzige Gedanke, den die Philosophie mitbringt, ist..., daß die Vernunft die Welt beherrsche."

Diese Lehre von der Herrschaft der Vernunft und ihrer Entfaltung in der Geschichte nennt man „philosophischen Idealismus".

1831 starb Friedrich Hegel; 1832 ist das Todesjahr Goethes. Deutlich spiegelt sich von jetzt an eine veränderte Wirklichkeit in der Philosophie, der Kunst und Literatur. Zwar stehen noch große Philosophen und Dichter in der Tradition der Klassik, der Romantik und des Idealismus. Aber ihre Werke sind wie die einer Spätzeit überschattet von Resignation und Weltschmerz.

Friedrich Hegel

Während noch die optimistische Philosophie Hegels das geistige Leben bestimmte, erschienen bereits die Schriften *Arthur Schopenhauers* (1788 bis 1860). Nicht die göttliche Vernunft ist es, die in der Geschichte waltet, sondern – wie Schopenhauer sich ausdrückt – der ewig unbefriedigte, blinde „Wille zum Leben". Die ganze Natur wird von ihm beherrscht, die trotz endlosen Leidens und trotz des Todes immer neues Leben hervorbringt.

> „Was ist der Erde Glück? – Ein Schatten!
> Was ist der Erde Ruhm? – Ein Traum!
> Du Armer! der von Schatten du geträumt!
> Der Traum ist aus, allein die Nacht noch nicht."

Franz Grillparzer (1791–1872), der große österreichische Dramatiker, schrieb diese Zeilen in seiner Tragödie „Medea" (1820). Schillers leidenschaftlicher Kampf um eine ideale Welt ist der Resignation gewichen:

> „Ich möchte am liebsten stehenbleiben, wo Schiller und Goethe standen."

Aber immer weiter entfernte sich der Weg von der Klassik und der Romantik. Ihre Ideale verblaßten; die materiellen Gegebenheiten in Politik, Gesellschaft, Wirtschaft und Wissenschaft traten in den Vordergrund und geboten eine naturgetreuere Beschreibung der Wirklichkeit.

1835 erschien das Drama „Dantons Tod", ein Werk des früh verstorbenen Genies *Georg Büchner* (1813–1837). Mit packender Intensität beleuchtet er den Fatalismus der Geschichte:

„Puppen sind wir, von unbekannten Gewalten am Draht gezogen; nichts,
nichts wir selbst!...
Die Welt ist das Chaos. Das Nichts ist der zu gebärende Weltgott."

Die Philosophie Hegels war fragwürdig geworden. Wie „Dantons Tod"
kreisen auch die Tragödien *Friedrich Hebbels* (1813–1863) um tragische
Konflikte an geschichtlichen Wendepunkten. Doch im ganzen gesehen ist
nicht mehr das Drama oder das Gedicht das Ausdrucksmittel dieses neuen
Realismus, sondern die Prosa.

Das 19. Jahrhundert ist daher die große Zeit des Romans. Damals wirkten
die bedeutenden französischen, englischen und amerikanischen, russischen
und italienischen Schriftsteller wie Balzac, Flaubert und Zola, Dickens,
Hardy und Henry James, Dostojewski, Tolstoi und Verga.

Im deutschen Sprachgebiet entstanden die Werke *Adalbert Stifters*
(1805–1868), der Schweizer *Gottfried Keller* (1819–1890) und *Conrad Ferdi-
nand Meyer* (1825–1898), der Norddeutschen *Theodor Storm* (1817–1888)
und *Theodor Fontane* (1819–1898). Das einfache, tägliche Leben wurde zum
Gegenstand jener Novellen und Romane, die man unter dem Namen „poeti-
scher Realismus" zusammenfaßt.

*Die Wirklichkeit – das ist das Schlüsselwort der Literatur des neunzehnten
Jahrhunderts.*

Noch einmal fällt auf einige dieser Werke ein Glanz klassischer Humanität.

„Ich habe ein tieferes und reicheres Leben, als es gewöhnlich vorkommt,
in dem Werke zeichnen wollen",

schreibt Stifter über seinen Roman „Nachsommer" (1857), ein Leben, gelei-
tet von „reiner Menschlichkeit". Es ist wie ein letzter Versuch, Lessings und
Goethes Bildungsideal in einer Zeit zu retten, die bereits die industrielle
Revolution erschüttert hat.

18. Die industrielle Revolution

Die Jahre um 1800 sind nicht allein eine Zeit der politischen Revolutionen
und des geistigen Wandels. Die geschichtliche Wende kündigte sich nicht
weniger deutlich auf einem anderen Gebiete an.

„Wir merken..., wie unsere ganze Existenz in neue Gleise fortgerissen wird... Es beginnt ein neuer Abschnitt in der Weltgeschichte."

Dies waren die Worte Heinrich Heines, als um 1830 die ersten Eisenbahnen gebaut wurden. *Eine ganz neue Macht trat damals in das Leben des Menschen ein: die moderne Technik und die moderne Industrie.*

Im späten Mittelalter schon hatten sich in den reichen Handelsstädten wie Florenz, Mailand, Venedig, Augsburg, Nürnberg, Brüssel, London und Paris viele Handwerksbetriebe zu „Manufakturen", zu kleinen Fabriken also, erweitert. Je mehr aber die Bevölkerung zunahm, um so dringender wurde der Bedarf an Gütern und Energie.

Im England des 18. Jahrhunderts war der Bevölkerungsdruck besonders stark. Die Suche nach neuen Produktionsmitteln führte dort zu Erfindungen, die das Gesicht der Erde verwandeln sollten: die Textilmaschinen und vor allem der Dampfmaschine. Jetzt erst war es möglich, Kohle und Eisen aus der Tiefe der Erde zu gewinnen. *Dies war die Grundlage der Industriellen Revolution, in der Großbritannien zunächst die führende Rolle spielte.*

Später als in Großbritannien, dann aber um so rascher, entwickelte sich die Industrie in Mitteleuropa. 1866 gelang *Werner von Siemens* (1816–1892) die Konstruktion einer Dynamomaschine. Er erkannte sofort die überragende Bedeutung dieser Erfindung:

„Dieser Apparat wird den Grundstein einer großen technischen Umwälzung bringen, welche die Elektrizität auf eine höhere Rangstufe der Elementarkräfte erheben wird."

Siemens gilt als einer der Begründer der Starkstromtechnik. 1886 entdeckte der Physiker *Heinrich Hertz* (1857–1894) die elektromagnetischen

Werner von Siemens

Wellen, die Voraussetzungen des Rundfunks und später des Fernsehens. Damit war auch der Grundstein der modernen Nachrichtentechnik gelegt.

Was Siemens und Hertz für die Elektrotechnik bedeuteten, waren Männer wie *Justus Liebig* (1803–1873), *August Kékulé* (1829–1896), *August Wilhelm Hofmann* (1818–1892) oder *Friedrich Bayer* (1825–1880) für die Chemie. Liebigs geschichtliche Tat war die Schöpfung der Chemie der Landwirtschaft. Erst dank der mineralischen Düngung ist es möglich geworden, so viele Lebensmittel zu produzieren, daß die rasch zunehmende Weltbevölkerung ernährt werden kann.

Kékulé verdanken wir die chemische Grundlage der Benzinherstellung; Hofmann und Bayer waren Pioniere der deutschen Farbenindustrie, die bis 1914 mehr als 80 Prozent des Weltbedarfs an Farben deckte.

Um die Mitte des Jahrhunderts entstanden so zwei neue Industriezweige, ohne die das moderne Leben nicht denkbar ist: die Elektrotechnik und die chemische Industrie. Auf beiden Gebieten übernahm Deutschland die Führung.

Die Firmen „Siemens", die „Allgemeine Elektrizitätsgesellschaft" („AEG") und deren Tochtergesellschaften „Telefunken" und „Osram", die „Badische Anilin- und Sodafabrik" („BASF"), die Firma „Bayer" und die „Farbwerke Hoechst" haben bis heute weltweite Bedeutung.

1876 gelang *Nikolaus August Otto* (1832–1891) die Konstruktion des Viertaktmotors. Zehn Jahre später bauten *Carl Benz* (1844–1929) in Mannheim und *Gottlieb Daimler* (1834–1900) in Stuttgart die ersten Automobile. Um 1892 konstruierte *Rudolf Diesel* (1858–1913) in Augsburg den ersten Dieselmotor. Vorher bereits hatte ein Unternehmer im Ruhrgebiet eines der größten Stahlwerke der Welt geschaffen, *Alfred Krupp* (1812–1887).

Dank dieser Erfinder und Unternehmer, nicht zuletzt aber Dank des Reichtums an Kohle im Ruhrgebiet und in Schlesien erstarkte seit der Mitte des Jahrhunderts auch die deutsche Metall- und Maschinenindustrie.

Die Arbeit von Carl Zeiss (1816–1888) und *Ernst Leitz* (1843–1920) begründete das Ansehen der deutschen Optik; ohne sie, vor allem ohne die moderne Chemie wäre die moderne Medizin nicht denkbar. Die Firmen Bayer und Hoechst wurden zu weltbekannten Herstellern von Arzneimitteln; 1895 machte *Wilhelm Conrad Röntgen* (1845–1923) eine der größten Entdeckungen auf dem Gebiet der Heilkunde, die „Röntgenstrahlen". *Die „Explosion"*

Erster Kraftwagen Daimlers (1886)

der Weltbevölkerung im 19. und 20. Jahrhundert ist eine direkte Folge der Leistungen der modernen Medizin.

Die Industrie und die Technik haben Deutschland tiefgreifend verändert. In den Kohlengebieten in Schlesien, in Sachsen, vor allem im Kohlengebiet an der Ruhr mit seiner guten Verkehrslage, in Berlin und im Handelshafen Hamburg entstanden große Industriezentren, welche noch heute die Wirtschaft Mitteleuropas bestimmen.

Deutschland wurde aus einem Agrarland zu einem Industrieland; zu einem Land mit rasch wachsender Bevölkerung und Macht, aber auch mit rasch wachsenden sozialen Problemen.

19. Die sozialen Probleme – Karl Marx

Mit der Technik und der Industrie mehrten sich Macht und Reichtum des Großbürgertums, besonders der neuen, tatkräftigen Unternehmer. Ihr Ziel war die völlige Freiheit auf dem Gebiet der Wirtschaft und des Handels, vor allem die Freiheit von jeder Beschränkung und Kontrolle durch den Staat. *Dieses System des „wirtschaftlichen Liberalismus" ermöglichte einen ungeahnten Aufschwung der Industrie; einen sozialen Schutz für das wachsende Heer der verarmten Arbeiter dagegen bot es nicht.*

„In den Kohlen- und Eisenbergwerken arbeiten Kinder von vier, fünf, sieben Jahren... Die gewöhnliche Arbeitszeit ist 11 bis 12 Stunden,... sehr häufig wird doppelte Zeit gearbeitet, so daß alle Arbeiter 24, ja nicht selten 36 Stunden hintereinander unter der Erde und in Tätigkeit sind."

Was *Friedrich Engels* (1820–1895) hier über die „Lage der arbeitenden Klassen in England" schreibt, galt sicher nicht weniger für das Proletariat in Mitteleuropa.

Karl Marx (1818–1883) wurde der Denker und Organisator der proletarischen Bewegung. In der Verbannung in England schuf er zusammen mit Friedrich Engels das System des „wissenschaftlichen Sozialismus", das im „Kommunistischen Manifest" (1848) und im „Kapital" (1867) niedergelegt ist.

Die Philosophen des deutschen Idealismus, Fichte und Hegel, hatten gelehrt, daß der menschliche Geist (das „Ich") im Laufe der Geschichte die materielle Welt (das „Nicht-Ich") umgestalte. Karl Marx kam durch seine Studien und Erfahrungen zu der entgegengesetzten Auffassung:

„Nicht das Bewußtsein bestimmt das Leben, sondern das Leben bestimmt das Bewußtsein."

Die materielle Welt, d. h. die wirtschaftlichen Verhältnisse, sind also nach Marx das Primäre; sie sind es, die das Denken und die Ideen eines Zeitalters bestimmen. Diese Philosophie bezeichnet man als „historischen Materialismus".

Das Bürgertum – so lehrt Karl Marx – hat mit der Industrie und Technik riesige Produktionskräfte geschaffen; es hat damit die alte feudale Gesellschaftsordnung zerstört und ist selbst zur herrschenden Klasse aufgestiegen. Dabei hat es aber seinen eigenen Todfeind geboren, das moderne Proletariat.

Karl Marx

Die kleinen Unternehmer unterliegen im Konkurrenzkampf und werden selbst zu Proletariern; immer größer wird daher die Konzentration des Kapitals, immer größer aber auch die revolutionäre Masse der ausgebeuteten Arbeiter. Die Revolution ist unvermeidlich.

„Die Bourgeoisie produziert ihre eigenen Totengräber. Ihr Untergang und der Sieg des Proletariats sind gleich unvermeidlich."

Wie das Bürgertum einst den Feudalismus vernichtet hat, so wird also nach marxistischer Lehre das Proletariat das Bürgertum vernichten.

Die Aufgabe der aktiven Mitglieder der Arbeiterklasse ist es, die Massen aufzuklären und sie auf die Weltrevolution und die ewige Herrschaft des Proletariats vorzubereiten. Das Kommunistische Manifest endet daher mit dem Aufruf zum gemeinsamen Kampf gegen den Kapitalismus:

„Proletarier aller Länder, vereinigt euch!"

Die Wirkung der marxistischen Lehre war unermeßlich. In allen Industrieländern entstanden sozialistische Parteien; *August Bebel* (1840–1913) gründete 1869 in Deutschland die „Sozialdemokratische Arbeiterpartei". Sie ist die Vorläuferin der heutigen „Sozialdemokratischen Partei Deutschlands", der SPD, die freilich die Lehre vom Klassenkampf und von der Diktatur des Proletariats längst aufgegeben hat.

In der Zeit um den ersten Weltkrieg spalteten sich von den sozialistischen Parteien die radikalen Kommunisten ab. Ihr international anerkannter Führer wurde Lenin. *Als 1949 der Kommunismus auch in China siegte, lebte mehr als ein Drittel der Weltbevölkerung in seinem Herrschaftsbereich.*

Doch die Hoffnung von Marx und Lenin auf eine kommunistische Welt erfüllte sich nicht. 1989 führten Reformen und Revolutionen in der DDR und in den meisten anderen osteuropäischen Ländern zu einem Ende der kommunistischen Herrschaft, die zu einem totalitären System erstarrt war.

20. Materialismus und Naturalismus – aus dem geistigen Leben vor der Jahrhundertwende

Immer stärker ergriff gegen Ende des 19. Jahrhunderts die Technik und die Industrie alle Lebensbereiche; die Wissenschaft wurde zu einer geistigen Macht, wie sie früher nur die Religion gewesen war.

Der englische Naturforscher *Charles Darwin* (1809–1882) lehrte, daß die Lebewesen sich nach dem Gesetz der Auswahl der Tüchtigsten aus einfachsten Formen entwickelt haben. Konnte man daraus nicht schließen, daß auch der Mensch nur ein biologisches, letztlich ein materielles Wesen ist? *Ludwig Feuerbach* (1804–1872), besonders aber Karl Marx waren es, die diese Philosophie des Materialismus im Volk verbreiteten:

„Der Mensch macht die Religion, die Religion macht nicht den Menschen... Sie ist das Opium des Volkes."

Der Glaube an einen göttlichen Schöpfer und an ein geistiges Prinzip in der Welt schien zum Tode verurteilt; an seine Stelle trat das Vertrauen auf die Wissenschaft, der Glaube an die Materie.

Äußerlich gesehen waren der Sieg über Frankreich und die Reichsgründung (1871) glänzende Erfolge; ein unerhörter Aufschwung der Wirtschaft führte zu Reichtum und Macht. Aber dieser neue Glanz war doch nur die Fassade vor einem eitlen Patriotismus, vor Geld- und Machthunger der Reichen und einer bitteren sozialen Not der Armen.

Die Literatur des „Naturalismus" ist der Spiegel jener Wirklichkeit. Große französische, skandinavische und russische Dichter wie Zola, Ibsen und Dostojewski waren die Vorbilder deutscher Schriftsteller, die in unbeschönigter Sprache das harte Leben der Armen beschreiben.

„Ich half ihn ins Haus tragen. Ein Haufe kalkiger, nach allerhand Chemikalien stinkender Lumpen war er schon gestorben."

So beschreibt *Gerhart Hauptmann* (1862–1946) den Tod eines Arbeiters in einer Fabrik. 1893 wurde Hauptmanns erschütterndstes Schauspiel aufgeführt, „Die Weber". Sein Thema ist der Aufstand der armen schlesischen Weber gegen ihre Fabrikherren; sein „Held" nicht mehr eine starke, freie Persönlichkeit wie in einem Drama Schillers oder Goethes, sondern eine anonyme Masse hilfloser und verzweifelter Menschen.

Käthe Kollwitz: „Weberaufstand", Radierung, 1897

Die Bilderfolge „Der Weberaufstand" (1895–1898) von Käthe Kollwitz (1867–1945) gilt als Höhepunkt der naturalistischen Kunst.

Wenig später (1895 und 1900) erschienen die ersten Schriften des Wiener Arztes *Sigmund Freud* (1856–1939). Der Geschlechtstrieb und der Aggressionstrieb – so lehrt Freud – sind Grundkräfte, welche alles menschliche Denken und Handeln bestimmen. Die Nachwirkungen dieser Lehre bis in unsere Zeit sind tiefgreifend.

Jahrhundertealte Vorstellungen vom menschlichen Geist und menschlicher Freiheit schienen endgültig als Illusionen entlarvt, das Menschenbild des Christentums und des Humanismus endgültig zerstört.

„Gott ist tot." „Der Nihilismus steht vor der Tür."

So beurteilt der Philosoph *Friedrich Nietzsche* (1844–1900) die geistige Situation der Zeit. So sehr Nietzsche noch den sterbenden Glauben an Gott und den sterbenden Glauben an die Menschlichkeit bekämpfte, so bitter litten sensible Persönlichkeiten wie er an dem Verlust der Werte, die einst dem Leben einen Sinn gegeben hatten:

„Die Welt – ein Tor
Zu tausend Wüsten stumm und kalt!
Wer das verlor,
Was du verlorst, macht nirgends halt!"

Eine Krise auf allen Gebieten der Kultur und der Politik kennzeichnet den Beginn einer neuen Zeitenwende, in der wir heute noch stehen.

21. Krise und Zeitenwende

In den wenigen Jahren um und nach 1900 kam die Krise in einer geistigen Revolution zum Ausbruch, die in der Geschichte ohne Beispiel ist.

1900 veröffentlichte *Max Planck* (1858–1947) die „Quantentheorie", fünf Jahre später *Albert Einstein* (1879–1955) die „Relativitätstheorie". Die moderne Naturwissenschaft erreichte in diesen Werken ihren Gipfel und Wendepunkt, vergleichbar allein mit der Entdeckung des Kopernikus.

Die Grundgesetze der „klassischen" Naturwissenschaft seit Galilei und Newton wie das Gesetz der Kausalität, die traditionellen Vorstellungen von Raum und Zeit waren erschüttert, erschüttert damit aber auch der stolze Glaube, daß die Sinne und der Verstand, die Wissenschaft also, unfehlbare Instrumente zur Erforschung der gesamten Wirklichkeit seien. Die Wissenschaftler selbst waren es – wie später Werner Heisenberg sagte –, welche auf dem Gipfel menschlicher Erkenntnis ihre Grenzen erkennen mußten:

„In der Wissenschaft wurde man sich mehr und mehr dessen bewußt, daß unser Verständnis der Welt nicht mit irgendeiner sicheren Erkenntnis beginnen kann, ... sondern daß alle Erkenntnis gewissermaßen über einer grundlosen Tiefe schwebt."

Nachdem der christliche Glaube und die Philosophie des Humanismus fragwürdig geworden waren, verlor nun auch die Wissenschaft ihren Anspruch als Führerin zur letzten Wahrheit.

Drei geniale Dichter – geistig verwandt mit den französischen Symbolisten – prägten die Lyrik in der Zeit um 1900: *Rainer Maria Rilke* (1875–1926), *Stefan George* (1868–1933) und *Hugo von Hofmannsthal* (1874–1929). Gott,

Liebe und Tod sind die Themen, um die der einsame Gesang Rilkes kreist, aber diese Geheimnisse lösen sich nicht mehr:

„Ich kreise um Gott, um den uralten Turm,
und ich kreise jahrtausendelang;
und ich weiß noch nicht, bin ich ein Falke, ein Sturm
oder ein großer Gesang."

Es sind Dichter, die noch einmal ein „inneres Reich" zu gründen versuchen, ein Reich, isoliert in einer immer drohenderen, rätselhaften Wirklichkeit.

1901 erschien *Thomas Manns* (1875–1955) erster großer Roman „Buddenbrooks, Verfall einer Familie". Das einstmals so reiche und tüchtige Lübekker Kaufmannsgeschlecht der Buddenbrooks endet mit dem frühen Tod des sensiblen Künstlers Hanno. Der geistige Mensch (Hanno) war für das ihn quälende Leben zu schwach. Geist und Leben vereinen sich nicht mehr.

„Ich stehe zwischen zwei Welten, bin in keiner daheim."

Ihr Widerstreit prägt wie viele spätere Werke Thomas Manns – man denke an die Erzählung „Tonio Kröger" (1903) oder „Der Tod in Venedig" (1913) – bereits diesen ersten Roman.

Immer schwerer lastete das Bedrohtsein des „Geistes" auf einer fragwürdig gewordenen Welt. Angst und Einsamkeit, die tiefsten Schichten der

Der Mann im Stock. Von Ernst Barlach

menschlichen Existenz, versuchten Künstler wie *Emil Nolde* (1867–1956), *Ernst Barlach* (1870–1938), *Max Beckmann* (1884–1950) und *Oskar Kokoschka* (1886–1980), Dichter wie *Georg Trakl* (1887–1914), Barlach oder *Georg Kaiser* (1878–1945) in ihrer ekstatischen Kunst in „Bildern" sichtbar zu machen; der Schrei nach dem „Menschen" erfüllt ihr Werk, das bereits eine dunkle Ahnung kommender Unmenschlichkeit durchzieht:

„... Wo ist der Mensch? Wann tritt er auf – und ruft sich mit Namen: Mensch? Wann begreift er sich – ... und leistet die neue Schöpfung, die er verdarb: – den Menschen?"

Jener ekstatische Ausdruck der tiefsten Schichten menschlicher Existenz in symbolischen Bildern und Figuren ist das Wesen einer Kunst, die man als „Expressionismus" bezeichnet.

Von hier war es nur ein Schritt zur völligen Lösung dieser Bilder und Figuren von der sinnlich erfahrbaren Welt. Sie wurden zu Spiegeln der Rätselhaftigkeit des Daseins. Bereits 1906 hatte der Russe Kandinsky das erste abstrakte Bild gemalt. Wenig später folgten der Spanier *Pablo Picasso* (1881–1975) und der Deutsche *Paul Klee* (1879–1940). Etwa zur selben Zeit, 1911, erklang zum ersten Male die Zwölftonmusik *Arnold Schönbergs* (1874–1951).

Jahrhundertealte, durch Antike und Christentum geprägte Ausdrucksformen zerbrachen; eine jahrhundertelange Periode abendländischer Kunst und Musik ging zu Ende.

Wohl kaum ein anderes Werk jedoch ist ein klareres Symptom der Krise als das *Franz Kafkas* (1883–1924). In seinen visionären Dichtungen scheint sich die Vereinsamung des modernen Menschen, seine Hilflosigkeit und seine Bedrohung durch anonyme Mächte auszudrücken, die in den Diktaturen des 20. Jahrhunderts und in den Weltkriegen schreckliche Wirklichkeit wurden:

„Nackt, dem Froste dieses unglückseligsten Zeitalters ausgesetzt, mit irdischen Wagen, unirdischen Pferden, treibe ich alter Mann mich umher... Betrogen! Betrogen! Einmal dem Fehlläuten der Nachtglocke gefolgt – es ist niemals gutzumachen."

Franz Kafka

61

22. Der Weg in die erste Katastrophe (von 1871 bis 1918)

Wie die Wolken vor einem Gewitter wuchsen um die Jahrhundertwende die Spannungen zwischen den europäischen Völkern, die Vorboten jenes „unglückseligsten Zeitalters". 1914 stürzte die Menschheit in die erste große Katastrophe der modernen Welt. Wie war es dazu gekommen?

Nie vorher hatten die europäischen Staaten eine größere Macht. Kein anderes Volk konnte ihrer Überlegenheit in Technik und Industrie widerstehen. Explosionsartig vermehrte sich ihre Bevölkerung, die nach neuem „Lebensraum" verlangte. Ein Teil der Erde nach dem anderen fiel unter die Herrschaft ihrer riesigen Kolonialreiche. *Europa war in das Zeitalter des Imperialismus eingetreten.*

Mit der Macht wuchs aber auch die Rivalität unter den Großmächten. Mit Hilfe der Technik und der Industrie schufen sie immer stärkere Zerstörungsmittel, bewaffneten immer größere Armeen und bauten immer gewaltigere Kriegsflotten. Aber wenige Menschen ahnten die Schrecken des kommenden totalen Krieges.

1871 war auch Deutschland in die Reihe der Großmächte eingetreten. Sein gefährliches Erbe war die Feindschaft Frankreichs. Bismarck hatte erkannt, daß ein Bündnis Frankreichs mit Rußland das Ende der Sicherheit des Deutschen Reiches bedeuten konnte und somit das Ende des Friedens in Europa. Die Erhaltung der Freundschaft mit dem russischen Zaren war daher eines der ersten Ziele seiner Politik.

„Wir liegen mitten in Europa. Wir haben mindestens drei Angriffsfronten... Wir sind der Kriegsgefahr mehr ausgesetzt als irgendein anderes Volk."

Diese enge Verbindung des Deutschen Reiches mit Rußland war es vor allem, die den europäischen Völkern noch einige Jahrzehnte den Frieden bewahrte. Aber die Wunde des alten Europa, die Feindschaft zwischen Frankreich und Deutschland, heilte nicht.

Die Lage änderte sich, als 1888 *Kaiser Wilhelm II.* an die Regierung kam. Seine mißtrauenerregende Großmachtpolitik zerstörte das System der europäischen Sicherheit. Bismarcks „Alpträume" wurden Wirklichkeit: Frankreich verbündete sich mit Rußland und schließlich mit England zu einer

Front gegen das Deutsche Reich. *Deutschland und Österreich waren einge-kreist und isoliert.*

Einer der gefährlichsten Krisenherde war der Balkan. Österreich-Ungarn herrschte dort über slavische Völker, die, unterstützt von Rußland, um ihre Selbständigkeit kämpften. Im Juli 1914 wurde der österreichische Thronfolger von serbischen Nationalisten ermordet. Dies bedeutete Krieg zwischen Österreich und Serbien. Doch hinter Serbien stand dessen Schutzmacht Rußland, mit Rußland war Frankreich verbündet und mit Frankreich und Belgien wiederum das Britische Empire. *So begann im August 1914 der bis dahin größte Krieg der Geschichte.*

„Die Lichter gehen über ganz Europa aus; wir werden sie während unseres Lebens nicht mehr brennen sehen."

Dies war das prophetische Wort des englischen Außenministers Grey. 1915 trat Italien und 1917 die USA in den Krieg ein. Schließlich stand fast die ganze Welt gegen die Mittelmächte. Damit war deren Schicksal besiegelt. *Nach furchtbarem Ringen endete 1918 der Krieg mit der völligen Niederlage Deutschlands und Österreichs.*

23. Die Weimarer Republik (von 1918 bis 1933)

Die Folgen des Ersten Weltkrieges waren tiefgreifend. Der einst blühende Welthandel war zusammengebrochen, Europa verschuldet, seine Wirtschaft gelähmt; mit der Entwertung des Geldes schwand der Reichtum und damit auch der Einfluß des Bürgerstandes. Dafür traten nun die Massen der Arbeiter – Träger der Kriegsindustrie und der riesigen Armeen – in das politische Leben ein und verlangten Anteil an der Regierung und Macht.

Das Ideal der individuellen Freiheit in Wirtschaft und Politik, der Liberalismus, entsprach der neuen Zeit nicht mehr. Weltkriege und Weltkrisen erforderten starke, autoritäre Regierungen, die zu raschem und energischem Handeln fähig sind. Die Folge war eine bisher nicht gekannte Konzentration der politischen und wirtschaftlichen Macht in der Hand des Staates.

Das 19. Jahrhundert, das Zeitalter des Bürgertums und des Liberalismus war zu Ende; die Massendemokratien und die Massendiktaturen wurden die Staatsformen, welche bis heute das politische Leben bestimmen.

Friedrich Ebert

Das Ende das Ersten Weltkrieges bedeutete zugleich den Sturz der russischen, deutschen und österreichischen Monarchie. Deutschland wurde Republik; *Friedrich Ebert* (1871–1925) ihr erster Präsident. Ebert war aus der Sozialdemokratie hervorgegangen, der stärksten politischen Kraft des jungen Staates. 1919 vereinigte sich in Weimar das neue deutsche Parlament. *Die Jahre von Kriegsende bis 1933 nennt man daher die Zeit der Weimarer Republik.*

Doch auf der jungen Republik lastete das schwere Erbe des verlorenen Krieges. Im Frieden von Versailles (1919) wurde Deutschland gezwungen, weite Gebiete an die Siegermächte abzutreten, eine riesige Reparationssumme zu zahlen und die volle Kriegsschuld anzuerkennen. Die Folgen waren tiefe Verbitterung, die Inflation und schließlich der endgültige wirtschaftliche Zusammenbruch Deutschlands.

„Die Geburtsstätte der nationalsozialistischen Bewegung ist nicht München, sondern Versailles."

So beurteilt der spätere Präsident der Bundesrepublik Theodor Heuss (1884 bis 1963) diese Verträge. *Der Friede von Versailles hat die politische Krise der modernen Welt nicht gelöst.*

Als 1924 die Inflation beendet wurde, begann für eine gequälte Generation eine kurze Zeit der Hoffnung. Die USA unterstützten die deutsche Wirtschaft durch großzügige Kredite; der „Völkerbund" bestärkte die Erwartung eines dauerhafteren Friedens, und die Außenminister Deutschlands und Frankreichs, Stresemann und Briand, versuchten die ersten Schritte zu einer Versöhnung ihrer zutiefst verfeindeten Völker.

Doch im Oktober 1929 trat ein Ereignis ein, das jede Hoffnung auf Entspannung und jede Arbeit für den Frieden zunichte machte: die *Weltwirtschaftskrise.* Kaum ein anderer Staat wurde härter getroffen als Deutschland,

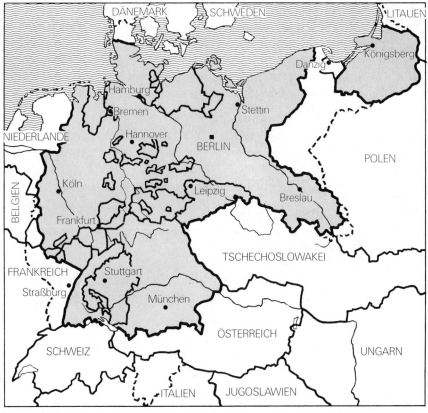

Deutschland 1919

dessen Wirtschaft fast völlig von den amerikanischen Krediten abhängig war. In wenigen Monaten waren sechs Millionen Menschen ohne Brot und Arbeit. Die verzweifelten Massen strömten den radikalsten Parteien zu, der Kommunistischen Partei Deutschlands (KPD) und der Nationalsozialistischen Deutschen Arbeiterpartei (NSDAP). Die Weimarer Demokratie brach zusammen.

Am 30. 1. 1933 wurde Adolf Hitler (1889–1945) zum Reichskanzler ernannt. Der starke „Führer" erschien als der einzige Retter aus der Not.

24. Das kulturelle Leben in der Zeit zwischen den Weltkriegen

Trotz der Niederlage und der wirtschaftlichen Not erlebte die deutsche Literatur, Kunst und Wissenschaft in den Jahren nach dem Ersten Weltkrieg eine kurze Blütezeit. Berlin wurde für ein Jahrzehnt zu einem Zentrum des europäischen Geisteslebens.

Die führende Stellung der deutschen Naturwissenschaft wurde dank der Leistungen Albert Einsteins, Max Plancks und Werner Heisenbergs in der ganzen Welt anerkannt. 1938 gelang *Otto Hahn* (1879–1968) eines der folgenreichsten Experimente in der Geschichte der Menschheit, die Spaltung des Uranatoms. *Seit den Arbeiten Otto Hahns und des italienischen Physikers Enrico Fermi stehen die ungeheuren Energien in den Atomkernen den Menschen zur Verfügung.*

Die Dichter Gerhart Hauptmann, Thomas Mann, Hugo von Hofmannsthal, Rainer Maria Rilke und später auch Franz Kafka wurden weit über die Grenzen Deutschlands hinaus berühmt; ohne das Werk der Komponisten

Das Bauhaus in Dessau. Erbaut 1926 von Walter Gropius

Arnold Schönberg, Alban Berg und Paul Hindemith und ohne das Werk der Künstler Paul Klee, Oskar Kokoschka, Ernst Barlach und Emil Nolde wären die moderne Kunst und Musik in den heutigen Formen nicht denkbar.

Die deutschen Universitäten, die deutsche Bühnen- und Filmkunst galten auch in anderen Ländern als Vorbilder; selbst ausländische Künstler wie Wassily Kandinsky wirkten in Deutschland. Das *Bauhaus in Dessau* (1926) war eine der wichtigsten Schulen moderner Architektur. Sachlichkeit und Rationalität in der Bild- und Baukunst waren die Forderungen seines Programms.

Doch gerade die bedeutenden Werke der Philosophie, Literatur und Kunst zwischen den Weltkriegen sind Zeugnisse einer geistigen Krise. Unergründlich erschien das Leben, fragwürdig und bedrohlich das Dasein.

„... gehe bis an die äußersten Grenzen des menschlichen Wissens und immer stößt du zuletzt auf etwas Unergründliches, – und dieses Unergründliche heißt: Leben!"

1917 war der elsässische Theologe und Arzt *Albert Schweitzer* (1875–1965) aus Afrika in ein von Krieg und Not erschüttertes Europa zurückgekehrt. Er hatte die Fragwürdigkeit des Lebens erfahren und versuchte dennoch eine Begründung der Humanität:

„Ich kann nicht anders als Ehrfurcht haben vor allem, was Leben heißt...: Das ist der Anfang und das Fundament aller Sittlichkeit."

Für viele jedoch hatten die Werte des Humanismus und des Glaubens längst ihre Geltung verloren; auch Philosophie und Wissenschaft konnten auf die letzten Fragen keine gesicherten Antworten mehr geben.

„Eine vielleicht so noch nie gewesene Lebensangst ist der unheimliche Begleiter des modernen Menschen... Alles ist fraglich geworden."

Albert Schweitzer

So schreibt der Philosoph *Karl Jaspers* (1883–1970) 1931 in seinem Buch „Die geistige Situation der Zeit". *Das einzig Unbestreitbare ist die „Existenz" des angsterfüllten Menschen in einer Welt voller Gefahren, Leiden und Tod. Das ist der Ausgangspunkt seiner „Existenzphilosophie".*

Die Philosophie *Martin Heideggers* (1889–1976), die Lyrik Rilkes, die Romane Kafkas „Der Prozeß" (1915) und „Das Schloß" (1922), die Werke vieler expressionistischer Schriftsteller und Künstler sind Zeugnisse einer ähnlichen Welterfahrung; ebenso die Gedichte *Gottfried Benns* (1886–1956), in denen die Fragwürdigkeit des Daseins bereits in den Nihilismus mündet:

„Dunkler kann es nicht werden
als diese Stunde, die sinkt,
mit allen Lasten der Erden
in fremder Nacht ertrinkt."

1928 wurde in Berlin ein Werk des jungen *Bertolt Brecht* (1889–1956) aufgeführt, das erfüllt ist von aggressivem Zynismus über das Leben und die menschliche Gesellschaft, die „Dreigroschenoper":

„Natürlich hab' ich leider recht.
Die Welt ist arm, der Mensch ist schlecht.
Wir wären gut – anstatt so roh,
Doch die Verhältnisse, sie sind nicht so."

Sind nicht alle menschlichen Probleme wie Angst und Leid, Hunger und Not, Krieg und Unrecht, eine Folge ungerechter Verhältnisse? Wie können diese geändert werden?

Wie viele andere glaubte auch Brecht die Antwort auf diese Fragen in der marxistischen Lehre zu finden. In seiner Theorie des „epischen Theaters" erläutert er die Aufgabe des modernen Dramas: Es soll die Zuschauer zum Nachdenken über die Wirklichkeit aufrufen, es soll den Weg zu einer Änderung der Verhältnisse zeigen, zu einer neuen, sozialistischen Gesellschaftsordnung in einer glücklichen Zukunft.

Waren jedoch die Hoffnungen auf eine erneuerte Gesellschaft, auf eine glücklichere Zukunft berechtigt? Mußte man nicht vielmehr annehmen, daß die Zeit der abendländischen Kultur zu Ende ging?

Eines der damals vielgelesenen Bücher war „Der Untergang des Abendlandes" (1922) von *Oswald Spengler* (1880–1936), dessen pessimistische Prophezeiung sich zunächst zu erfüllen schien:

„Zu einem Goethe werden wir Deutschen es nicht wieder bringen, aber zu einem Caesar."

25. Die Diktatur Hitlers und die Katastrophe des Zweiten Weltkrieges (von 1933 bis 1945)

Am 27. Februar 1933 wurde das Gebäude des Reichstags in Berlin durch Brandstiftung zerstört. Der Verdacht fiel auf die Kommunisten. Dies gab Hitler die willkommene Gelegenheit, die Kommunisten als Staatsfeinde zu verurteilen. Unter seinem Druck verabschiedete der Reichstag ein „Gesetz zur Behebung der Not von Volk und Staat". Dieses „Ermächtigungsgesetz" beseitigte alle demokratischen Freiheiten und legte die absolute Macht in die Hand des „Führers". *Der Weg in die Diktatur war frei.*

Mit Adolf Hitler war ein demagogisches Genie an die Macht gekommen. Nach einer gescheiterten Jugend in Wien hatte er zunächst in München eine Schar von Anhängern um sich gesammelt, die „Nationalsozialisten". Der Traum von der Größe Deutschlands und die Verbitterung über die Niederlage im Ersten Weltkrieg hatte sie zusammengeführt.

Die „Rache für Versailles" und der Kampf um ein „Großdeutsches Reich" bildeten Hitlers Ziele; seine Ideologie war ein fanatischer Nationalismus, der sich steigerte bis zum Glauben an die Überlegenheit der germanischen Rasse über alle anderen Völker der Welt:

„Erstens muß unser Volk ... bewußt und systematisch zum fanatischen Nationalismus erzogen werden... Es gibt nur ein Recht in der Welt, und dieses Recht liegt in der eigenen Stärke."

Die Nationalsozialisten unterdrückten sofort jede Opposition mit Gewalt. Viele bedeutende Wissenschaftler wie Albert Einstein und Sigmund Freud, Schriftsteller wie Thomas Mann, Bertolt Brecht und Carl Zuckmayer, die Komponisten Arnold Schönberg und Paul Hindemith, die Künstler Paul Klee und Oskar Kokoschka und der Architekt Walter Gropius mußten

Deutschland verlassen. *Für eineinhalb Jahrzehnte lebte die deutsche Kultur im Exil.*

In der Nacht vom 9. auf den 10. November 1938 zerstörten die Nationalsozialisten die Synagogen im ganzen Deutschen Reich. Damit begann die Massenverfolgung und Massenvernichtung der Juden, das größte Verbrechen, das je von Deutschen begangen wurde. *In den berüchtigten Konzentrationslagern wie Auschwitz und Buchenwald fanden Millionen von Juden den Tod. Nach der Rassenlehre der Nationalsozialisten galten sie als minderwertiges Volk.*

Aber auch Tausende von Deutschen litten und starben in den KZs. Wenige wagten einen aktiven Widerstand gegen die Gewaltherrschaft. Zu ihnen gehörten Offiziere wie *Claus Graf Schenk von Stauffenberg* und *Erwin Rommel* und die Studenten der „Weißen Rose", die in ihren Flugblättern zum Widerstand gegen Hitler aufriefen:

„Der deutsche Name bleibt für immer geschändet, wenn nicht die deutsche Jugend endlich aufsteht ... und ein neues, geistiges Europa errichtet."

Sophie und Hans Scholl

Am 18. Februar 1943 verteilten die Geschwister *Hans* und *Sophie Scholl* an der Universität München dieses letzte Flugblatt. Sie wurden verhaftet und fünf Tage später zusammen mit ihren Freunden hingerichtet. Nachdem am 20. Juli 1944 ein Attentat auf Hitler gescheitert war, folgten Schenk von Stauffenberg, Rommel und viele andere den Geschwistern Scholl in den Tod. In einer Zeit des Unrechts und der Gewalt starben sie für ein freies und gerechtes Deutschland, für ein „neues, geistiges Europa".

Fünf Jahre nach der „Machtergreifung", im März und im September 1938, erzwang Hitler den Anschluß Österreichs und des Sudetenlands an das Deutsche Reich. Es war ein Bruch des Versailler Vertrags, der von Frankreich und England geduldet wurde, da die Bevölkerung der annektierten Gebiete zum überwiegenden Teil deutsch war. Zu spät erkannte die Welt, daß Hitler damit nur eine viel größere Aggression vorbereitete: die Unterwerfung Polens und der Sowjetunion und damit die Gewinnung von „Lebensraum im Osten".

Am 1. September 1939 fiel die deutsche Wehrmacht in Polen ein. England und Frankreich hatten sich zum Schutze Polens verpflichtet und erklärten den Krieg. Die Welt stürzte in die größte Katastrophe ihrer Geschichte.

In wenigen Monaten überrannten die deutschen Armeen weite Teile Europas. Dennoch war jede Hoffnung Hitlers auf einen „Endsieg" eine Illusion; denn abermals formte sich eine Front fast aller Staaten der Welt gegen die Angreifer. Wieder waren es vor allem die USA, welche Deutschlands und Japans Niederlage besiegelten. Die mörderische Schlacht um Stalingrad im Winter 1942/43 bildete den Wendepunkt.

Am 8. Mai 1945 endete der Krieg. Deutschland war – so schien es – endgültig vernichtet. Mit Entsetzen blickte die Welt auf die ungeheueren Zerstörungen, auf die maßlosen Verbrechen, die von der einst hochgeachteten Kulturnation ausgegangen waren.

„Heute stürzt (Deutschland), von Dämonen umschlungen, ... hinab von Verzweiflung zu Verzweiflung ... Ein einsamer Mann faltet seine Hände und spricht: Gott sei eurer armen Seele gnädig, mein Freund, mein Vaterland."

Thomas Mann beschreibt so den Untergang seines Heimatlandes, den er erschüttert von seinem Exil in den Vereinigten Staaten aus verfolgte.

München 1945

Die politische Karte der Welt hat sich seither von Grund auf verändert. Vom Beginn der Neuzeit an bestimmten die europäischen Staaten, Frankreich, Spanien, Österreich, England und später auch Deutschland und Italien die internationale Politik. Nun haben sie ihre Führerrolle an die Weltmächte abgetreten, die während der Krisen des 20. Jahrhunderts erstarkt sind: an die Vereinigten Staaten und an die Sowjetunion.

Auch die Umwälzungen auf dem Gebiet der Politik also bezeugen den Anbruch eines NEUEN ZEITALTERS der Weltgeschichte.

26. Deutschland am Nullpunkt – Die Spaltung Europas

Das Jahr 1945 galt für viele als das Ende der Geschichte Deutschlands. Die Städte waren zerstört, die Wirtschaft vernichtet; auf der Flucht vor den Armeen der Sieger strömten Millionen heimatloser Menschen nach West- und Mitteldeutschland, begleitet von Elend, Hunger und Tod.

„Tausende – Zehntausende sterben auf den Landstraßen vor Hunger und Entkräftung, Kinder irren umher, die Eltern erschossen, gestorben." So lautet einer der erschütternden Berichte aus jenen Tagen. *Deutschland glich einer Landschaft des Todes.*

Im Juli 1945 trafen sich die führenden Staatsmänner der Siegermächte in Potsdam bei Berlin, um über das Schicksal des geschlagenen Landes zu entscheiden. Deutschland wurde in vier Zonen geteilt, die gemeinsam verwaltet werden sollten, ebenso die Hauptstadt Berlin, die mitten in der sowjetisch besetzten Zone lag.

Stalin forderte die Annexion der deutschen Gebiete östlich der Flüsse Oder und Neiße für Polen und Rußland. Die gesamte Bevölkerung, die dort lebte, dazu alle Deutschen aus der Tschechoslowakei und dem Balkan wurden auf Stalins Befehl ausgewiesen.

Jene Vertreibung von etwa zwölf Millionen Deutschen aus den Ostgebieten war eine der größten Menschenbewegungen der Geschichte und eine der größten Tragödien nach dem Krieg. Mehr als zwei Millionen Menschen starben auf dem Weg in den Westen.

Noch auf der Konferenz von Potsdam (1945) betrachteten die Siegermächte Deutschland als Einheit. Gemeinsam bildeten sie einen „Kontrollrat", der das geschlagene Land verwalten sollte. Doch die Zusammenarbeit der Sieger wurde immer schwieriger. Denn inzwischen waren nicht nur in Europa, sondern auch in Asien neue Gegensätze aufgebrochen, welche die Hoffnung auf einen weltweiten Frieden zunichte machten. *Die USA und die Sowjetunion, die ehemals gegen den gemeinsamen Feind verbündeten Weltmächte, waren selbst zu Feinden geworden.*

Im Kontrollrat forderte die Sowjetunion eine Mitentscheidung auch über die westlichen Teile Deutschlands, vor allem über das Ruhrgebiet. Die West-

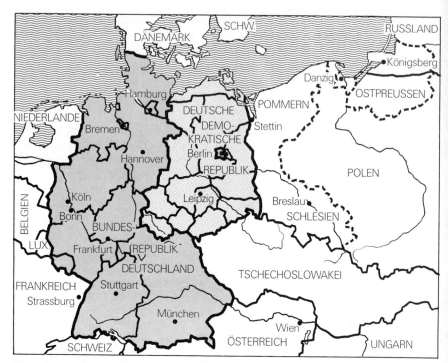

Karte der Bundesrepublik und der Deutschen Demokratischen Republik

mächte lehnten dies ab. So führte das Scheitern der gemeinsamen Verwaltung schließlich dazu, daß jede Macht über ihre Zone allein herrschte. Das waren die ersten Schritte auf dem Weg zur Teilung Deutschlands.

„Wir haben uns nicht darüber einigen können, was Deutschland sei."

Dies ist das Urteil des damaligen Außenministers der USA, Marshall. Churchills Hoffnung auf „ein Europa" erwies sich ebenso als Illusion wie die Hoffnung des amerikanischen Präsidenten Truman auf „eine Welt". Kaum ein Jahr nach Kriegsende, im März 1946, sagte Churchill in einer Rede:

„Von der Ostsee bis an die Adria hat sich ein Eiserner Vorhang über den Kontinent gesenkt ... Dies ist nicht das befreite Europa, für dessen Aufbau wir gekämpft haben."

So führten die ideologischen und politischen Gegensätze zwischen den Weltmächten schließlich in den „Kalten Krieg". Die Folgen waren die Teilung

74

Europas und – *75 Jahre nach der Reichsgründung durch Bismarck – auch der Beginn der Spaltung Deutschlands.*

Doch so paradox es zu sein scheint: Mit dem Kalten Krieg, der Deutschland zerriß, begann zugleich der Wiederaufstieg der beiden Teile.

Zur „Eindämmung" des Kommunismus hatte der amerikanische Außenminister Marshall im Sommer 1947 ein großzügiges Hilfsprogramm für die europäischen Staaten eingeleitet. Wenig später, im Sommer 1948, beendete Ludwig Erhard in den Westzonen die Kriegsinflation durch eine neue Währung.

Die Verwaltung der Sowjetzone antwortete mit der Schaffung einer eigenen Währung in ihrem Machtbereich. Ihr Versuch, die Ostmark auch in West-Berlin einzuführen, scheiterte am Widerstand der Westmächte. *Stalins Reaktion war die vollständige Blockade Berlins.*

Würden die Westmächte sich aus Berlin zurückziehen? Würden sie die Blockade mit Gewalt brechen? Von der Antwort auf diese Fragen konnte das Schicksal der Welt abhängen, die wochenlang vor dem Abgrund eines neuen Krieges zu stehen schien. Die „Luftbrücke", organisiert von dem amerikanischen General Clay, verhinderte schließlich das Äußerste:

Ein „Rosinenbomber" der Luftbrücke nach Berlin

Das blockierte Berlin glich einer belagerten Stadt. Nur ein einziger Versorgungsweg verband es mit der westlichen Welt: die Luftbrücke, über die den 2,5 Millionen Männern, Frauen und Kindern der Westsektoren Lebensmittel, Kleidung, Rohstoffe und Medikamente gebracht wurden."

Dies ist General Clays eigener Bericht. *Nach fast einem Jahr, im Mai 1949, wurde die Blockade gelöst; die bis dahin gefährlichste Krise nach dem Krieg hatte ihren Höhepunkt überschritten.*

27. Die deutsche Literatur der Kriegsgeneration

Als Krieg und Holocaust zu Ende gingen, schrieb *Paul Celan* (1920–1970) ein Gedicht über das Sterben seiner Eltern und seiner jüdischen Freunde in einem deutschen Vernichtungslager, das er selbst überlebt hatte: die „Todesfuge":

„Schwarze Milch der Frühe wir trinken sie abends
wir trinken sie mittags und morgens wir trinken sie nachts
. . . der Tod ist ein Meister aus Deutschland"

Dieses erschütternde Gedicht steht am Anfang der deutschen Lyrik nach einem Krieg, in dem der Tod „ein Meister aus Deutschland" war. Am 13. Februar 1947 sendete der Nordwestdeutsche Rundfunk zum ersten Mal das Hörspiel des jungen, schwerkranken Heimkehrers *Wolfgang Borchert* (1921–1947), „Draußen vor der Tür". Es ist der Aufschrei eines zurückkehrenden Soldaten, der in den Trümmern kein Zuhause mehr findet:

Wolfgang Borchert

„Und dann liegt er irgendwo auf der Straße, der Mann, der nach Deutschland kam, und stirbt . . . Und du – du sagst, ich soll leben? Wozu? Für wen? Für was? Wo ist denn der alte Mann, der sich Gott nennt? . . . Gibt denn keiner, keiner Antwort?"

Ende November desselben Jahres wurde in dem zerstörten Frankfurt das Drama von dem tragischen Selbstmord eines deutschen Offiziers aufgeführt: *Carl Zuckmayers* (1896–1977) „Des Teufels General".

„,Glauben Sie an Gott?'...
‚Ich weiß nicht... Ich kenne ihn nicht. Aber ich kenne den Teufel. Den habe ich gesehen – Aug in Auge.'"

Mit diesen Anklagen gegen den Krieg und den „Teufel" Hitler beginnt die deutsche Dramatik nach 1945. Etwa zur gleichen Zeit erschienen die ersten Erzählungen der jungen „betrogenen Generation". Wie Borchert beschreiben *Heinrich Böll* (1917–1985) und andere in ihren Tagebüchern und Kurzgeschichten eine durch Katastrophen zertrümmerte Welt.

„Wir schrieben also vom Krieg, von der Heimkehr und dem, was wir im Krieg gesehen hatten und bei der Heimkehr vorfanden: von Trümmern."

Krieg, Not und Zerstörung, auch der geistigen Existenz, sind Themen dieser „Trümmerliteratur".

Inzwischen veröffentlichten auch die Emigranten ihre in Deutschland noch unbekannten Werke. *Hermann Hesses* (1877–1962) Roman „Das Glasperlenspiel" (1942) ist die Schilderung einer utopischen „Gegenwelt" der Harmonie und Ordnung; Thomas Manns „Doktor Faustus" (1945) eine symbolische Darstellung des deutschen Schicksals. In dem Buch „Das siebte Kreuz" (1942) beschreibt die Marxisten *Anna Seghers* die verzweifelte Flucht von sieben Menschen aus einem KZ; Brechts Stücke „Das Leben des Galilei" (1939) oder „Mutter Courage" (1939) sind geschichtliche Dramen zur Belehrung einer unheilvollen Zeit, ebenso das Parabelstück „Der gute Mensch von Sezuan" (1940):

„Ach, eure Welt ist schwierig!
Zu viel Not, zu viel Verzweiflung!
... Wer den Verlorenen hilft
Ist selbst verloren!"

Reinhold Schneider (1903–1958), *Werner Bergengruen* (1892–1964) oder *Elisabeth Langgräser* (1899–1950) – Autoren, die in Deutschland geblieben, aber oft zum Schweigen verurteilt waren – bewahren trotz aller schweren Erlebnisse die christliche oder humanistische Tradition; und selbst Bölls

Erzählungen aus einer Zeit der Trümmer zeugen von der Hoffnung eines Gläubigen, der trotz der Sinnlosigkeit des Krieges einen Sinn des Lebens nicht leugnet.

Bedeutende Werke ausländischer Autoren wie Wilder, Eliot, Hemingway und Garcia Lorca wurden jetzt erst in Deutschland bekannt; die Jahre nach 1945 waren auf dem Gebiet der Literatur auch eine Zeit des Lernens. Dabei zeigte sich, daß viele Impulse, die die Literaturen anderer Nationen in der Zwischenzeit befruchtet hatten, einst von Deutschland ausgegangen waren.

Brechts „episches Theater" hatte tiefe Spuren in der westlichen Dramatik hinterlassen, ohne das Wirken deutscher Regisseure wie *Ernst Lubitsch* (1892–1947) oder *Fritz Lang* (1890–1976) wäre die amerikanische Filmkunst Hollywoods um vieles ärmer gewesen. Die Existenzphilosophie war in den dreißiger Jahren in Deutschland entstanden; nun kehrte sie mit dem Werk Sartres und Camus' in der Form des Existenzialismus in ihr Ursprungsland zurück.

Bertolt Brecht

Nicht zuletzt durch die heimkehrenden Emigranten, vor allem wiederum durch Brecht wurde die deutschsprachige Schweiz zu einem neuen literarischen Zentrum. Die zeitkritischen Stücke der Schweizer Dramatiker *Friedrich Dürrenmatt* (1921–1990) („Der Besuch der alten Dame", 1956) und *Max Frisch* (1911–1991) („Biedermann und die Brandstifter", 1958) erscheinen heute auf den Spielplänen fast aller Theater der westlichen Welt. Wie war es möglich, daß der gutmütige Bürger „Biedermann" die „Brandstifter" in sein Haus, die Kriegstifter in sein Land gelassen hat?

„Wie soll ich's deuten?
Fässer voll Brennstoff im Dach – . . .
Wissend auch du, wie brennbar die Welt ist,
Biedermann Gottlieb, was hast du gedacht?"

Allmählich verschwanden nach dem Weltbrand Asche und Ruinen; auch Deutschland hoffte auf einen neuen Anfang, auf eine bessere Zukunft in Frieden, Freiheit und Einheit.

„Auferstanden aus Ruinen
und der Zukunft zugewandt,
laß uns dir zum Guten dienen,
Deutschland, einig Vaterland."

Dieses Gedicht des kommunistischen Dichters *Johannes R. Becher* (1891–1958) sollte die Nationalhymne des neuen Deutschland werden. Doch der Friede blieb gefährdet, die Freiheit bedroht und die Hoffnung auf ein „einig Vaterland" erfüllte sich nicht.

Eine politische Neuordnung der vier Besatzungszonen zeichnete sich ab, welche 1949 zur Entstehung von zwei Staatsgebilden führte. Deutschland wurde geteilt und damit auch die deutsche Literatur der folgenden Zeit.

28. Die staatliche Ordnung der Bundesrepublik

Wenige Wochen nach der Blockade Berlins gaben die Vereinigten Staaten, Großbritannien und Frankreich ihren Zonen die politische Selbständigkeit. Abgeordnete der Parlamente der westdeutschen Länder schufen das „Grundgesetz", das am 23. 5. 1949 in Kraft trat.

„Alle Staatsgewalt geht vom Volke aus ... Das gesamte deutsche Volk bleibt aufgefordert, in freier Selbstbestimmung die Einheit und Freiheit Deutschlands zu vollenden."

Damit war vier Jahre nach Kriegsende aus den 10 Ländern der Westzonen die Bundesrepublik Deutschland entstanden.

Wie kann das Entstehen einer neuen Diktatur verhindert werden? Dies war die entscheidende Frage nicht nur der Siegermächte, sondern auch der Schöpfer des Grundgesetzes.

Der Staat Hitlers und in geringerem Maße auch die Weimarer Republik waren zentralistisch regiert. *Die Bundesrepublik dagegen wurde als föderalistischer Bund von zehn „Ländern" geschaffen. Dazu gehören Baden-Würt-*

Karte der alten Bundesrepublik (1949–1990)

temberg, Bayern, Bremen, Hamburg, Hessen, Niedersachsen, Nordrhein-Westfalen, Rheinland-Pfalz und Schleswig-Holstein. Im Januar 1957 kam auch das *Saarland* zur Bundesrepublik. Diese Länder haben zum Teil politische und kulturelle Traditionen, welche tief in die Geschichte zurückreichen. Nun erhielten sie abermals eigene Parlamente und Regierungen.

Eine Sonderstellung nahm *Berlin (West)* ein. Es lag wie eine Insel in einem fremden Machtbereich, umgeben auf allen Seiten von dem Gebiet der DDR. Seine Verfassung, seine Wirtschaft und seine kulturellen Einrichtungen verbanden es mit der Bundesrepublik. Dennoch hatte es im westdeutschen Parlament nicht die vollen Rechte eines Bundeslandes.

Das Organ der Volksvertretung ist der Deutsche Bundestag.

„Die Abgeordneten des Deutschen Bundestages werden in allgemeiner, unmittelbarer, freier, gleicher und geheimer Wahl gewählt. Sie sind Vertreter des ganzen Volkes."

Während der Reichstag im Staat Hitlers bedeutungslos war, übertrug das Grundgesetz dem Bundestag alle Rechte und Pflichten der Volksvertretung in einer parlamentarischen Demokratie. *Zu seinen Aufgaben gehört es, Gesetze zu beschließen, das Haupt der Regierung, den Bundeskanzler, zu wählen und die Regierung zu kontrollieren.*

Die Christlich-Demokratische Union (CDU), geführt von Konrad Adenauer und Ludwig Erhard, ging aus den ersten Wahlen im August 1949 als stärkste Partei hervor. Die Sozialdemokratische Partei Deutschlands (SPD) und die kleinere Freie Demokratische Partei (FDP) folgten an zweiter und dritter Stelle. Diese politischen Gruppen bestimmen auch heute die Arbeit im Bundestag.

Die Vertretung der Bundesländer ist der Bundesrat. Er besteht aus Mitgliedern der Regierungen der einzelnen Länder und wirkt bei der Gesetzgebung und Verwaltung des Bundes mit.

Der Bundeskanzler legt die Richtlinien der Politik fest und wählt die Minister aus; mit ihnen zusammen bildet er die Bundesregierung.

Die Wahl des ersten Bundeskanzlers fiel auf *Konrad Adenauer* (1876–1967). Er entschied sich für Bonn als Sitz der Regierung und des Bundestags.

Konrad Adenauer

Adenauer war es, der die junge Republik in die Gemeinschaft der westlichen Welt eingefügt hat. 1969 übernahm die von *Willy Brandt* geführte SPD zusammen mit der FDP die Regierung. 1974 wurde Brandt durch *Helmut Schmidt* (SPD) und 1982 dieser wiederum durch *Helmut Kohl* (CDU) als Bundeskanzler abgelöst.

Der erste *Bundespräsident* war *Theodor Heuss* (1884–1963). In der Weimarer Republik hatte der Präsident besonders im Notfall große Vollmachten, die er mißbrauchen konnte und die das Entstehen der Diktatur erleichterten. *Der Präsident der Bundesrepublik hat dagegen in der Hauptsache repräsentative Aufgaben.*

Streitfragen zwischen den Staatsorganen entscheidet nicht wie in einer Diktatur der Präsident, der Kanzler oder die Staatspartei, sondern das *Bundesverfassungsgericht.*

Die Parlamente und Regierungen der Länder, der Bundestag, der Bundesrat und das Bundesverfassungsgericht sind also neben der Bundesregierung unabhängige Träger von Staatsgewalt. Der Sinn dieser Gewaltenteilung ist es, die Macht der Regierung zu beschränken und somit ihren Mißbrauch zu verhindern.

„Politische Freiheit findet sich nur, wo der Regierung Schranken gesetzt sind."

Genau 200 Jahre vor der Gründung der Bundesrepublik schrieb Montesquieu diesen Satz in seinem Buch „Esprit des Lois". *Die Bundesrepublik hat dieses Prinzip der Gewaltenteilung übernommen. Damit hat sie sich bewußt in die Tradition der westlichen Demokratien gestellt.*

Am 1. Oktober 1990 übernahm die ehemalige DDR das Grundgesetz und fügte sich damit in die staatliche Ordnung der Bundesrepublik ein. Damit war die Aufforderung des Grundgesetzes erfüllt. „Das gesamte deutsche Volk" hatte „in freier Selbstbestimmung die Einheit und Freiheit Deutschlands" vollendet.

29. Die staatliche Ordnung der Deutschen Demokratischen Republik

Im selben Jahr wie die Bundesrepublik, am 7. Oktober 1949, entstand aus der sowjetisch besetzen Zone ein zweites Staatswesen, die Deutsche Demokratische Republik (DDR).

„Die Deutsche Demokratische Republik ist ein sozialistischer Staat der Arbeiter und Bauern. Sie ist die politische Organisation der Werktätigen in Stadt und Land, die gemeinsam unter Führung der Arbeiterklasse und ihrer marxistisch-leninistischen Partei den Sozialismus verwirklichen."

Die Verwirklichung des Sozialismus unter der Führung der einen marxistisch-leninistischen Partei – das war nach der Verfassung der DDR das oberste Ziel dieses Staates.

Bereits 1946 erfolgte unter dem Druck der sowjetischen Regierung der Zusammenschluß der SPD mit der alten Kommunistischen Partei Deutschlands. So entstand die „Sozialistische Einheitspartei Deutschlands", die SED. Die Führer dieser Partei waren im „Politbüro" vereinigt. Bis 1971 war der Erste Sekretär der SED *Walter Ulbricht* (1893–1973), der das Amt des Parteichefs nicht weniger als 25 Jahre innehatte. 1971 wurde er durch Erich Honecker abgelöst.

Zu den Hauptzielen der SED gehörte die Verstaatlichung der Produktionsmittel. Aus den privaten Unternehmen entstanden die „Volkseigenen Betriebe" (VEB), aus den früheren Bauerngütern 1961 die „Landwirtschaftlichen Produktionsgenossenschaften" (LPG). 1952 wurden die alten deutschen Länder Brandenburg, Sachsen usw. aufgelöst und das Staatsgebiet durch eine Kreiseinteilung neu gegliedert.

Das Parlament der DDR war die „*Volkskammer*" in Berlin (Ost).

„Die Volkskammer ist das oberste staatliche Machtorgan der Deutschen Demokratischen Republik. Sie entscheidet in ihren Plenarsitzungen über die Grundfragen der Staatspolitik."

Verglichen mit diesem hohen theoretischen Anspruch der Verfassung war die praktische politische Bedeutung der Volkskammer gering. Die „Wahl" ihrer Mitglieder unterschied sich grundsätzlich von der Wahl in einer westlichen Demokratie. Die Liste der Mitglieder stand bereits vor der Wahl fest; der Wahlakt der Bevölkerung bedeutete Ja-Sagen zu dieser Einheitsliste. Es gab keine Möglichkeit, unter Bewerbern konkurrierender Parteien auszuwählen, und daher auch keine Opposition.

Die Volkskammer wiederum wählte die Regierung der DDR. Dies war bis 1960 ausschließlich der *„Ministerrat"* unter dem Ministerpräsidenten *Otto Grotewohl* (1894–1964). 1960 jedoch wurden die staatlichen Institutionen umgebildet. Walter Ulbricht schuf den sogenannten *„Staatsrat"*, der aus 16 Mitgliedern bestand, und übernahm selbst den Vorsitz. Unter Ulbrichts Leitung wurde dieser Staatsrat zum Träger fast der gesamten politischen Macht in der DDR. Die Aufgaben des Ministerrats blieben auf die Wirtschaft beschränkt.

Walter Ulbricht

Im August 1973 starb Walter Ulbricht. Lange schien es, als ob damit der Staatsrat seine Bedeutung verloren hätte. Doch im Oktober 1976 übernahm der Parteichef Erich Honecker den Vorsitz und damit die volle Machtstellung, die Ulbricht innegehabt hatte.

Alle diese Veränderungen in der staatlichen Ordnung der DDR berührten aber ihre Grundlage nicht: die absolute Macht der SED. Die Staatsgewalt, die in den westlichen Demokratien auf verschiedene Institutionen verteilt ist, war in der DDR also in einer Hand vereinigt. Dies war die Parteiführung, deren Mitglieder den Ministerrat und den Staatsrat leiteten. Die DDR war der Staat der SED.

Ulbricht selbst hat 1967 vor der Volkskammer gesagt, daß

„in der DDR mit der Ordnung der sogenannten ‚geteilten Gewalten'. . .
endgültig gebrochen wurde."

*Lenins Forderung nach der Alleinherrschaft der kommunistischen Partei und
sein Gedanke des „Demokratischen Zentralismus" war damit in der DDR
beinahe vollständig verwirklicht.*

30. Deutschland – zerrissen durch die Machtblöcke

Am 12. Mai 1949 waren die Straßen nach Berlin wieder frei. Doch das Ende
der Blockade bedeutete noch nicht das Ende des kalten Krieges. *Weder die
USA noch die Sowjetunion verzichteten auf ihren in Mitteleuropa errungenen
Einfluß; weder die junge Bundesrepublik noch die Regierung der DDR waren
bereit, die Bindung an ihre Schutzmacht zu lösen. Immer tiefer wurde der
wirtschaftliche und politische Gegensatz.*

Früher und schneller als die DDR erstarkte die Bundesrepublik. Bereits
Anfang der fünfziger Jahre hatte diese einen Lebensstandard erreicht, der
weit über dem der DDR lag. Die Folge war ein Strom von Flüchtlingen aus
Ostdeutschland. Unter dem Druck wirtschaftlicher Schwierigkeiten beschloß
die SED im Mai 1953 eine Erhöhung der Arbeitsnormen. Ein Streik der
Bauarbeiter führte am 16. Juni in Ost-Berlin zu Demonstrationen, am folgenden Tag zu einem Volksaufstand in der ganzen DDR.

„Kollegen, es geht hier nicht mehr um die Normen und um die Preise. Es
geht hier um mehr. . . Wir wollen frei sein. Die Regierung muß aus ihren
Fehlern die Konsequenzen ziehen. Wir fordern freie und geheime Wahlen!"

Mit Hilfe der Roten Armee gelang es der SED, die Unruhen zu unterdrük-
ken, bei denen einige hundert Menschen den Tod fanden. Der Flüchtlings-
strom nach Berlin (West) schwoll an. Seit ihrer Gründung verließen nicht
weniger als drei Millionen Menschen die DDR. Die einzige Möglichkeit, die
Fluchtbewegung zu verhindern, war die Sperrung der Grenzen. Am 13. August 1961 begannen die Behörden der DDR mit der vollständigen Abschließung West-Berlins.

Volksaufstand in Ostberlin am 17. Juni 1953

Erst von jetzt an stabilisierte sich die Wirtschaft der DDR. Aber es war ein Erfolg der SED, der mit großen Opfern für die Bevölkerung Berlins erkauft wurde, mit der endgültigen Spaltung der Stadt.

Schon 1950 war die DDR in den „Rat für gegenseitige Wirtschaftshilfe" des Ostblocks eingetreten, das COMECON. Im selben Jahr machte der französische Außenminister Schuman den Vorschlag, die französische und die westdeutsche Kohlen- und Stahlindustrie einer gemeinsamen Behörde zu unterstellen. Zugleich verlangte er den Zusammenschluß der westeuropäischen Staaten:

„Die Vereinigung der europäischen Nationen erfordert, daß der jahrhundertealte Gegensatz zwischen Frankreich und Deutschland ausgelöscht wird."

1952 traten die Verträge über die „Montanunion" in Kraft. Deutschland und Frankreich – jahrhundertelang Rivalen in Europa – begannen sich zu versöhnen.

Fünf Jahre später, am 26. März 1957, wurde in Rom – aufbauend auf der

86

Sperrmauer an der Sektorengrenze in Berlin

Montanunion – die Errichtung einer Europäischen Wirtschaftsgemeinschaft beschlossen. Damit war ein Grundstein auch der politischen Union Westeuropas gelegt.

Inzwischen hatten sich die Fronten zwischen Ost und West abermals verhärtet. Auf der Pariser Konferenz im Oktober 1954 gaben die Westmächte der Bundesrepublik die volle Souveränität. Gleichzeitig erfolgte die Aufnahme in die NATO. Am 5. Mai 1955 traten die „Pariser Verträge" in Kraft. Konrad Adenauer und die Regierung der USA vertrauten auf eine „Politik der Stärke". Wenige Tage später, am 14. Mai 1955, antwortete die Sowjetunion mit der Gründung des „Warschauer Pakts". Anfang 1956 wurde die „Volkspolizei" der DDR als „Nationale Volksarmee" in das östliche Militärbündnis aufgenommen.

Was wenige Jahre vorher noch unmöglich erschien, erzwang der kalte Krieg: die Wiederbewaffnung Deutschlands. Nun aber standen sich die deutschen Armeen an der Elbe gegenüber – eingegliedert in rivalisierende Machtblöcke.

Noch immer forderte die Bundesrepublik eine Wiedervereinigung nach freien Wahlen in ganz Deutschland, also praktisch die Auflösung der DDR.

87

Die SED dagegen bestand auf der vollen Anerkennung ihres Staates. Eine Vereinigung – so lautete Ulbrichts Botschaft 1967 – sei nur möglich in einem Gesamtdeutschland, in dem der Kommunismus verwirklicht ist.

„Ein Zurück zum Kapitalismus gibt es für die Bürger der sozialistischen DDR nicht. Eine Vereinigung zwischen der sozialistischen DDR und der vom Monopolkapital beherrschten Bundesrepublik ist unmöglich."

Jeder der beiden Teilstaaten erhob den Anspruch, das „demokratische", das wahre Deutschland zu vertreten. Die Gegensätze schienen unüberwindlich. Die bisherige Politik, welche zur Lösung der „deutschen Frage" oder doch zur Entspannung hätte führen sollen, war gescheitert.

31. Bemühungen um Entspannung und eine friedliche Koexistenz

Im Herbst 1969 trat der Sozialdemokrat Willy Brandt an die Spitze der Bundesregierung. Zu seinem Programm gehörte eine neue Ostpolitik.

Der erste Schritt war eine Verständigung mit Polen und der Sowjetunion. In den Verträgen mit Moskau und Warschau (1970) erkannte die Bundesrepublik die neue Westgrenze Polens, die Oder-Neiße-Linie, an. Dies bedeutete einen endgültigen Verzicht auf die Ostgebiete, die Deutschland nach dem Krieg verloren hatte.

„Der Vertrag von Warschau soll einen Schlußstrich setzen unter Leiden und Opfer einer bösen Vergangenheit. Er soll eine Brücke schlagen zwischen den beiden Staaten und den beiden Völkern."

In der ganzen Welt galten diese Ostverträge als Zeichen der Entspannung und als Erfolg im Bemühen um eine friedliche Koexistenz. Am 10. Dezember 1971 erhielt Brandt den Friedensnobelpreis, weil er „alte Kriegswunden"

Willy Brandt

schließen half und „die Hand der Versöhnung über alte, feindliche Grenzen hinaus ausgestreckt hat".

Mit viel größeren Schwierigkeiten begann der Brückenschlag zwischen der Bundesrepublik und der DDR. Eines der Hauptprobleme war die Lage West-Berlins. Im Dezember 1971 trafen die Westmächte und die Sowjetunion Vereinbarungen über diese Stadt. Die USA, Großbritannien und Frankreich behielten ihre Rechte, die sie seit Kriegsende dort besaßen. Gleichzeitig garantierte die DDR einen freien Zugang von der Bundesrepublik nach Berlin (West).

Dies öffnete den Weg für den nächsten wichtigen Schritt, den *„Grundlagenvertrag zwischen der Bundesrepublik und der Deutschen Demokratischen Republik". Nach langen Verhandlungen wurde dieser Vertrag am 21. Dezember 1972 in Berlin (Ost) unterzeichnet.*

„Die Bundesrepublik und die Deutsche Demokratische Republik entwickeln normale gutnachbarliche Beziehungen zueinander auf der Grundlage der Gleichberechtigung."

Die Bundesrepublik und mit ihr die übrigen Länder der westlichen Welt erkannten an, daß nunmehr zwei Staaten in Deutschland bestanden. Die DDR dagegen gewährte Erleichterungen im Grenzverkehr. Beide Staaten tauschten „ständige Vertreter" aus und stellten den Antrag zur Aufnahme in die UNO.

Doch trotz der Entspannung blieben die tiefsten Gegensätze zwischen den beiden deutschen Staaten bestehen. Für die Bundesrepublik bildete das deutsche Volk, obwohl es in zwei Staaten lebte, eine nationale Einheit.

„Die deutsche Nation bleibt auch dann eine Realität, wenn sie in unterschiedliche staatliche und gesellschaftliche Ordnungen aufgeteilt ist."

Für die SED dagegen war diese Vorstellung Willy Brandts von der einen deutschen Nation ein Trugbild. „Die BRD" – so sagte Erich Honecker - „ist Ausland, und noch mehr, sie ist imperialistisches Ausland." Eine möglichst vollständige und endgültige Beseitigung all dessen, was die beiden Staaten noch verband, war das Ziel seiner Politik der „Abgrenzung".

Manche Spannungen lockerten sich, doch die harten Tatsachen der Rivalität zwischen den deutschen Staaten, der Spaltung und der „Abgrenzung" änderten sich noch lange nicht.

Im September 1973 wurden die Bundesrepublik und die DDR in die Vereinten Nationen aufgenommen. In seiner Ansprache umschrieb Walter Scheel, damals Außenminister und später Präsident der Bundesrepublik, die Lage des deutschen Volkes:

„Jetzt stehen zwei deutsche Außenminister vor den Delegierten. Hier zeigt sich das Schicksal meines Volkes: Ursprung und Opfer des Krieges, geteilt ohne eigenes Zutun, nun in zwei Staaten lebend, und ungewiß einer gemeinsamen Zukunft."

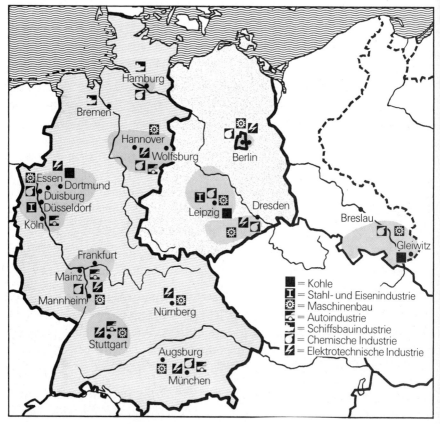

Wirtschaftskarte der alten Bundesrepublik und der ehemaligen DDR

32. Wirtschaft und Gesellschaft in der alten Bundesrepublik

Die Kriegszerstörungen, besonders aber die Dreiteilung des ehemaligen Deutschen Reiches haben die deutsche Wirtschaft tiefgreifend verändert. Der Wirtschaftsraum Mitteleuropa wurde gespalten; das Industriegebiet Schlesien kam zu Polen; Sachsen lag in der DDR, und das Ruhrgebiet war ein Teil der damaligen Bundesrepublik.

In den Jahren nach 1945 sind 14 Millionen Flüchtlinge in das Gebiet der alten Bundesrepublik eingewandert. In diesem Teil Deutschlands, der vor dem Krieg 39 Millionen Einwohner hatte, leben etwa 60 Millionen Menschen. Dieses dichtbesiedelte Land ist jedoch, abgesehen von Kohle, arm an Bodenschätzen. Die meisten Rohstoffe, wie Metalle und Erdöl, mußten importiert werden. *Die Produktion und der Export von hochwertigen Industriegütern war daher für die alte Bundesrepublik wichtiger als je zuvor im Deutschen Reich.*

„Ein Blick auf die Landkarte klärt unsere Lage. Die Bundesrepublik lebt mit rund 50 Millionen Menschen auf einem schmalen Streifen zwischen Elbe und Rhein. Dieser Streifen ist nur als Werkstatt der Welt, bei stärkstem Export von Maschinen und Konsumgütern lebensfähig."

Dies ist das Urteil des ersten Wirtschaftsministers der Bundesrepublik, Prof. Ludwig Erhard (1897–1977). Erhard war es, der am 18. 6. 1948 die Währungsreform durchgeführt und das Wirtschaftssystem der Bundesrepublik geschaffen hat.

Dieses System bezeichnet man als „Soziale Marktwirtschaft". Der Staat verzichtet weitgehend auf eine Lenkung des Wirtschaftslebens und überläßt es dem freien Spiel von Angebot und Nachfrage auf dem Markt. Der soziale Schutz der Bevölkerung jedoch gehört zu seinen vordringlichen Aufgaben.

Ludwig Erhard

Petrochemische Anlagen der BASF in Ludwigshafen

Fast schlagartig kam nach der Währungsreform 1948 die Wirtschaft wieder in Gang. Ein französischer Journalist schreibt im Rückblick auf jene Zeit:

> „Von einem Tag auf den anderen fingen die Maschinen wieder an zu arbeiten... Am Vorabend malte sich Hoffnungslosigkeit auf den Gesichtern, am Tag darauf blickte eine ganze Nation hoffnungsfreudig in die Zukunft."

Die freie Marktwirtschaft und nicht zuletzt die Hilfe des Marschallplans waren die Voraussetzungen für einen neuen Aufschwung nach dem Krieg, den die erstaunte Welt als „Wirtschaftswunder" bezeichnete. Von 1950 bis 1978 hat sich der Export von 6,7 Milliarden auf 285 Milliarden DM erhöht; im Jahr 1990 erreichte er die Summe von 680 Milliarden DM. *Heute ist Deutschland das wichtigste Ausfuhrland der Welt, gefolgt von den USA und Japan. Maschinen und Kraftwagen, Erzeugnisse der Elektrotechnik und der chemischen Industrie sind auch in unserer Zeit die wichtigsten Ausfuhrprodukte.*

Nicht umsonst bezeichnet man die Jahrzehnte nach dem Krieg als die Zeit einer „dritten industriellen Revolution". Ganz neue Industriezweige entstanden; aus der chemischen Industrie entwickelte sich die Erzeugung von Kunststoffen; *vor allem aber die Elektronik und die Datenverarbeitung waren die Wegbereiter der neuen Revolution.*

Der hohe Stand der Industrialisierung erklärt auch die besonderen Schwierigkeiten der bundesdeutschen Wirtschaft und Gesellschaft. Die steigende Produktion und der Mangel an Arbeitskräften hatten zur Folge, daß immer mehr „Gastarbeiter" beschäftigt wurden; der steigende Wohlstand führte zu einem Zustrom von Übersiedlern aus Osteuropa und von Asylsuchenden aus allen Krisenregionen der Welt.

„... ich weiß jetzt, was (ein Ausländer) zu ertragen hat ... ein Stück Apartheid findet mitten unter uns statt – in unserer *Demokratie.*"

In seiner schonungslosen Reportage „Ganz unten" (1985) beschreibt der Schriftsteller Günter Wallraff die Not, die Anfeindung und Isolierung, worunter die Ausländer oft zu leiden haben. In den achtziger Jahren betrug die Zahl der Ausländer in der alten Bundesrepublik nicht weniger als viereinhalb bis fünf Millionen.

„Ich bin hoffnungsvoll, daß sich die Marktwirtschaft auch in Zukunft reformbereit erweist und die drängenden Probleme unserer Tage zu lösen vermag."

Im selben Jahr 1974, in dem der damalige Wirtschaftsminister Friderichs diese Hoffnung zum Ausdruck brachte, fand das „Wirtschaftswunder" der Nachkriegsjahre ein Ende. Die weltweite Rezession nach der Ölkrise traf auch die deutsche Industrie. Die Arbeitslosigkeit und die Verschuldung des Staates nahmen zu. Ende 1982 waren fast 2,5 Millionen Menschen ohne Arbeit. Differenzen über die Wirtschaftspolitik führten im gleichen Jahr zum Sturz der Regierung Helmut Schmidt.

Ist die Marktwirtschaft wirklich in der Lage, die „drängenden Probleme unserer Tage" zu lösen? In der Zeit der „Studentenrevolte" um 1968 unterzogen junge marxistische Theoretiker das kapitalistische Wirtschaftssystem einer radikalen Kritik. *Doch trotz ihrer Krisen und Mängel erweist sich heute die freie Marktwirtschaft als reformbereit. Schritt für Schritt werden wirtschaft-*

liche Hindernisse und Grenzen beseitigt, Schritt für Schritt entsteht in Europa ein großer, freier, gemeinsamer Markt.

Bereits 1951 hatten Frankreich, die Bundesrepublik und andere Westeuropäische Staaten in dem Vertrag über die „*Montan-Union*" die Absicht ausgedrückt,

> „an die Stelle der jahrhundertealten Rivalitäten . . . durch die Errichtung einer wirtschaftlichen Gemeinschaft den ersten Grundstein für eine weitere und vertiefte Gemeinschaft unter den Völkern zu legen."

Mit der Gründung der „*Europäischen Wirtschaftsgemeinschaft*", der EWG, wurde 1957 dieser Weg fortgesetzt. 1973 schlossen sich den sechs Gründerstaaten Frankreich, Bundesrepublik Deutschland, Italien, Belgien, Holland und Luxemburg drei weitere Länder an, Großbritannien, Irland und Dänemark. Nach dem Beitritt Griechenlands (1981), Spaniens und Portugals (1986) umfaßt die EG heute zwölf Staaten mit 320 Millionen Menschen.

Am 31. Dezember 1992 erfolgt ein weiterer Schritt auf dem Weg zur wirtschaftlichen und vielleicht auch zur politischen Einheit Europas: die Abschaffung der Grenzkontrollen. Damit fällt das letzte Hindernis für den freien Personen-, Waren- und Kapitalverkehr zwischen den Mitgliedstaaten der EG.

> „Der 31. Dezember 1992 ist nicht nur irgendein Datum: An diesem Tag öffnet sich das Tor zur wirtschaftlichen, kulturellen und politischen Zukunft Europas."

Der Vizepräsident der EG-Kommission Martin Bangemann faßt damit die Bedeutung dieses Tages zusammen.

33. Wirtschaft und Gesellschaft in der ehemaligen DDR und in den neuen Bundesländern

Später und langsamer als in der Bundesrepublik erstarkte die Wirtschaft in der DDR; später und langsamer verbesserten sich die Lebensbedingungen für ihre Bürger.

Verglichen mit Westdeutschland war der Teilstaat im Osten in einer viel ungünstigeren Lage: Die Sowjetunion, durch den Krieg besonders schwer geschädigt, verlangte von ihrer Besatzungszone besonders große Reparationen; eine finanzielle Hilfe dagegen, wie der Marshallplan im Westen, stand der DDR nicht zur Verfügung.

Die Verbindung mit der Eisen- und Stahlindustrie des Ruhrgebiets war unterbrochen; daher mußte unter großen Anstrengungen zuerst eine eigene Schwerindustrie geschaffen werden. Große Probleme verursachte die Verstaatlichung der Wirtschaft und nicht zuletzt die Flucht vieler der besten Arbeiter, Techniker und Wissenschaftler in die Bundesrepublik. Die Folge war ein jahrzehntelanger Mangel an Gütern des täglichen Gebrauchs.

In der freien Marktwirtschaft des Westens ist der Gewinn der Maßstab des Erfolgs. In der DDR war es die Produktion, die Erfüllung des Plans. Die Wirtschaftspläne wurden von der SED aufgestellt und galten jeweils für einen Zeitraum von fünf Jahren. Wirtschaft in der DDR hieß Planerfüllung.

Der Hafen von Rostock

„Die DDR muß auch im wirtschaftlichen Wettbewerb Westdeutschland überflügeln, indem sie in Wissenschaft und Technik das Weltniveau erreicht... Dieser ökonomische Wettbewerb ist entscheidend für die Zukunft Deutschlands."

Der Sieg über die Bundesrepublik im wirtschaftlichen Wettkampf – dies war, wie Walter Ulbricht sagte, eines der wichtigsten Ziele der SED. Hatte die DDR die Möglichkeit, dieses Ziel zu erreichen?

Abgesehen von Braunkohle und Kali war auch die DDR relativ arm an Rohstoffen. Ähnlich wie im Westen Deutschlands war die Produktion und der Export von hochwertigen Industriegütern lebenswichtig.

Und wie die Bundesrepublik in die EG, so war die DDR ökonomisch fest in den „Rat für gegenseitige Wirtschaftshilfe" des Ostblocks eingegliedert. Das Erdöl aus der Sowjetunion und die sächsische Kohle waren die Quellen der Energie und zugleich die Grundstoffe für die chemische Industrie. Diese stand in der DDR an erster Stelle. Die (ehemals volkseigenen) Leunawerke gehören zu den größten chemischen Fabriken Europas.

An der Oder entstand das „Eisenhüttenkombinat Ost" mit Eisenhüttenstadt, der „ersten sozialistischen Stadt der DDR". Mit Erfolg bemühte sich die SED, auch die Maschinen-, Elektro- und Textilindustrie zu entwickeln, vor allem aber moderne Technologien wie die Elektronik. Rostock an der Ostsee wurde zu einem neuen Zentrum des internationalen Handels ausgebaut, zu einem eigenen „Tor zur Welt".

Die DDR gehörte zu den zehn bedeutendsten Industriestaaten der Erde. Innerhalb des gesamten Ostblocks war sie das wichtigste Exportland für Produkte der Maschinen- und Elektroindustrie, vor allem aber für chemische Erzeugnisse.

Die Wirtschaft in den osteuropäischen Ländern litt jedoch an schweren Mängeln, die ihre Ursachen im sozialistischen Plansystem hatten. Dies galt nicht zuletzt für die Wirtschaft in der DDR.

Zentrale Planung, Kontrolle und Überwachung lähmten den Leistungswillen der Bürger. Zwar war in der DDR die *Arbeitslosigkeit* praktisch unbekannt. Doch die *Arbeitsproduktivität* war für einen Industriestaat unbefriedigend. Denn Planung und Verwaltung, Polizei, Staatssicherheitsdienst und Armee erforderten ein Heer von Hunderttausenden von Arbeitskräften – eine allmächtige, aber wenig produktive staatliche Bürokratie. Und da nicht der maximale „kapitalistische" *Gewinn* das Ziel der volkseigenen Betriebe war, sondern die maximale *Produktion,* arbeiteten viele Betriebe mit nur geringem Gewinn, ja selbst mit Verlusten. Drei Arbeiter in der DDR erzeugten im Durchschnitt Güter des gleichen Wertes wie zwei in der Bundesrepublik.

Dies erklärte den großen Mangel an Arbeitskräften, die relativ niedrigen Löhne und daher auch die Notwendigkeit der Frauenarbeit. 80% aller Frauen von 15 bis 65 Jahren waren berufstätig und standen im Arbeitsleben völlig gleichberechtigt neben den Männern. In diesem Punkt hatte die DDR einen absoluten Weltrekord erreicht.

In den siebziger Jahren wurden auch in der DDR die wirtschaftlichen Ziele bescheidener. Während noch Walter Ulbricht danach strebte, „Westdeutschland . . . zu überflügeln", drängte Erich Honecker darauf, die Versorgung der Bevölkerung langsam zu verbessern, „das materielle und kulturelle Lebensniveau Schritt für Schritt zu erhöhen".

Doch die Mängel in der sozialistischen Wirtschaft und Gesellschaft stellten auch dieses bescheidene Ziel in Frage. Noch immer war der Lebensstandard in der DDR weit niedriger als in der Bundesrepublik. Längst hatte die Bevölkerung das Vertrauen in die SED verloren, und damit die Hoffnung auf eine bessere Zukunft in ihrem sozialistischen Staat. Die Folgen waren eine tiefe Unzufriedenheit unter den Menschen in der DDR und der Wille, ihren Staat zu verlassen. Doch die streng bewachten Grenzen blieben geschlossen.

Selbst marxistische Kritiker aus der DDR wie *Robert Havemann* (1910–1982) oder *Rudolf Bahro* in seinem Buch „Die Alternative" (erschienen 1977 in der Bundesrepublik) verurteilten die Allmacht der Parteibürokratie, die Beschränkung der Freiheit und forderten einen neuen Anfang.

Erich Honecker

„Die Kommunisten sind in solchen Parteien (wie der SED) gegen sich selbst und gegen das Volk organisiert ... Wir müssen Kurs auf einen neuen Anfang nehmen."

Unerwartet bot sich 1989 und 1990 die Möglichkeit zu einem Neubeginn. *Durch eine friedliche Revolution wurde die SED-Regierung gestürzt. Dies bedeutete auch das Ende der sozialistischen Planwirtschaft. Der 1. Juli 1990 war der Tag der wirtschaftlichen Wiedervereinigung Deutschlands.*

„Wir sind jetzt in der Situation, wo wieder zusammenwächst, was zusammengehört."

Bereits bei der Öffnung der Mauer in Berlin äußerte Willy Brandt die Hoffnung auf ein rasches und reibungsloses Zusammenwachsen der beiden Teile des Landes. *Doch durch den plötzlichen Wandel wurde die Wirtschaftskrise in der ehemaligen DDR nicht beseitigt, sondern verschärft.*

Viele der früher staatseigenen Betriebe waren veraltet, in der freien Wirtschaft nicht konkurrenzfähig, und wurden stillgelegt. Die Folgen waren ein Rückgang der Produktion und eine dramatische Zunahme der Arbeitslosigkeit. Das Fehlen einer leistungsfähigen Verwaltung, die Mängel im Straßen- und Fernsprechnetz behinderten den Aufbau einer modernen Industrie. Die Beseitigung der katastrophalen Umweltschäden, die Renovierung von schadhaften Gebäuden und der Aufbau einer neuen Verwaltung fordern bis heute große Anstrengungen und finanzielle Hilfen in gewaltiger Höhe.

Es dürfte – wie Manfred Stolpe, der Ministerpräsident von Brandenburg, sagte – noch viele Jahre dauern, bis nach vierzigjähriger Teilung die Bürger in Ost- und in Westdeutschland die gleichen Lebensbedingungen haben:

„Vor uns liegt noch ein langer, schwerer Weg."

34. Kultur und Staat im geteilten Land

Die Voraussetzungen für ein neues kulturelles Leben zu schaffen – vor dieser schwierigen Aufgabe standen 1949 sowohl die Bundesrepublik als auch die DDR. Jedes der beiden Staatsgebilde suchte eine Lösung nach seiner Vorstellung von Freiheit und Recht.

„Die Pressefreiheit ... wird gewährleistet. Eine Zensur findet nicht statt... Kunst und Wissenschaft, Forschung und Lehre sind frei."

So lauten die Leitsätze des Grundgesetzes der Bundesregierung. *Die Freiheit der Presse, des Rundfunks und des Fernsehens, der Lehre und Forschung, der Kunst und Literatur ist also garantiert; auf eine staatliche Lenkung und Kontrolle wird bewußt verzichtet.*

Wie jeder moderne Staat hat aber auch die Bundesrepublik die Aufgabe, die kulturellen Einrichtungen zu fördern, vor allem Schulen und Universitäten zu errichten. Diese Aufgabe wurde jedoch nicht der zentralen Regierung in Bonn, sondern – wie es der älteren deutschen Tradition entspricht – den Regierungen der Länder übertragen.

Jedes Land besitzt also ein eigenes Kultusministerium; jedes Land ist für seine kulturellen Institutionen selbst verantwortlich. So ist es zu erklären, daß die kulturellen Einrichtungen nicht überall in der Bundesrepublik einheitlich sind. Dies gilt auch für das Erziehungswesen.

Universität Konstanz

Die erste Stufe des Bildungsweges für alle Kinder ist die vierklassige Grundschule. Daran schließt sich die Hauptschule an, welche fünf Klassen umfaßt. Begabtere Kinder treten von der Grundschule in die sechsklassige Realschule ein und besonders begabte in die höhere Schule, das Gymnasium. Bemühungen um eine Neugliederung haben jedoch zum Ziel, alle diese Zweige in einer Gesamtschule zu vereinigen.

Der Ausbildungsweg des Gymnasiums führt nach acht oder neun Jahren zum Abitur. Dieses berechtigt zum Studium an einer Universität oder an einer Technischen Hochschule. Heidelberg, Tübingen, Göttingen, Freiburg, Bonn, München und Köln sind die bekanntesten alten Universitätsstädte, zu denen 1949 Berlin (West) mit der Freien Universität getreten ist.

Allein von 1955 bis 1965 hat sich die Zahl der Studenten in der Bundesrepublik verdoppelt. Diese „Studentenexplosion" erforderte tiefgreifende Reformen.

Die Lehrpläne wurden geändert. „Gesamthochschulen" entstanden, in denen mehrere Institute zusammengefaßt sind. Um die technische Ausbildung zu verbessern, wurden die früheren Ingenieurschulen zu Fachhochschulen ausgebaut. Vor allem war es nötig, neue Universitäten zu gründen – man denke an Bochum, Augsburg oder Konstanz – die in der Lage sind, den Zustrom der Studenten aufzunehmen.

Aber selbst dies konnte nicht verhindern, daß der Zugang zu bestimmten Fachrichtungen wie Medizin und Chemie radikal beschränkt werden mußte. Nicht alle Abiturienten sind daher in der Lage, das Fach ihrer Wahl zu studieren. Die Unruhe unter den Studenten um 1968 war nicht nur ein Protest gegen die „kapitalistische" Konsumgesellschaft, sondern auch der Ausdruck einer Krise in der Bildungspolitik.

Im Gegensatz zu dem freien, föderativen und uneinheitlichen Charakter der kulturellen Institutionen in der Bundesrepublik unterlagen in der DDR alle Einrichtungen der Kultur und Erziehung einer zentralen Kontrolle und Zensur:

„Wir müssen . . . alle Formen der Kunst und Kulturvermittlung lenken und kontrollieren, zum Beispiel in Fragen der Presse, des Rundfunks und des Fernsehens."

Offen sprach Erich Honecker hier aus, daß die SED zu entscheiden hatte, welche Nachrichten gedruckt oder gesendet, welche Bücher veröffentlicht, welche Filme gezeigt, welche Dramen gespielt werden durften und welche Künstler die Erlaubnis erhielten, ins Ausland zu reisen.

Die früheren Volksschulen, Realschulen und Gymnasien wurden in der DDR durch einen neuen, völlig einheitlichen Schultyp ersetzt, die zehnklassige „polytechnische Oberschule". Der Name bezeugt die große Bedeutung der technischen Ausbildung in der früheren DDR. Hand in Hand damit ging im Fach „Wehrkunde" auch der Unterricht im Gebrauch von Waffen und nicht zuletzt die Erziehung zur „schöpferischen sozialistischen Persönlichkeit". *Die Ideen des Marxismus, die „Freundschaft mit der Sowjetunion" und die Verurteilung des „Imperialismus und Kapitalismus" im Westen bildeten die Werte, auf denen die Erziehung in der DDR gegründet war.*

„Wir haben die Aufgabe, junge Menschen heranzubilden, denen die unverbrüchliche Freundschaft mit dem ruhmreichen Sowjetvolk . . . am Herzen liegt, . . . die bereit sind zur Verteidigung ihrer sozialistischen Heimat."

So heißt es im Leitwort des „VIII. Pädagogischen Kongresses der DDR" 1978. Nach einer strengen Auslese traten die besten Schüler in die „Erweiterte Oberschule" ein. Diese führte nach zwei Jahren zur Hochschulreife. Auch in der DDR traten neben die alten Universitäten in Leipzig, Halle, Jena und die berühmte Humboldt-Universität in Ostberlin neue Hochschulen, die besonders der wissenschaftlich-technischen Ausbildung dienten.

Honeckers Politik der Abgrenzung zielte nicht zuletzt auf die Kultur. Bewußt verhinderte die SED kulturelle Kontakte zwischen der Bundesrepublik und ihrem Staat. Die Beziehungen Westberlins mit Paris und London, mit New York und Tokio waren enger als mit dem östlichen Teil der Stadt.

Doch schon lange vor der Wiedervereinigung machte man eine erstaunliche Beobachtung: *Trotz der Politik der Abgrenzung, trotz der Unterschiede in den kulturellen Einrichtungen und in den pädagogischen Werten und Zielen konvergierte im Bereich der kulturellen Schöpfungen die Entwicklung in beiden Teilen des Landes.*

Dies gilt für die Baukunst und Bildkunst nicht weniger als für die Musik und Literatur.

35. Bildkunst und Baukunst im Nachkriegsdeutschland

Wie in der Philosophie und Literatur, so öffneten sich nach 1945 die nationalen Grenzen auch auf den Gebieten der Architektur und Kunst.

Jetzt erst erkannte man, welchen großen Einfluß die ausgewanderten Architekten des Bauhauses *Walter Gropius* (1883–1969), *Ludwig Mies van der Rohe* (1886–1969) oder Künstler wie Klee, Kandinsky, Beckmann, Nolde und der Österreicher Kokoschka auf die Bau- und Bildkunst der westlichen Nationen ausgeübt hatten. Nun war es wieder an den Deutschen, aus den Werken zu lernen, die in anderen Ländern entstanden waren, etwa aus der Architektur des Schweizers Le Corbusier und des Finnen Alvar Aalto, aus den Skulpturen des Engländers Henry Moore, aus der modernen Bildkunst Amerikas und Frankreichs.

Wols (Wolfgang Schulze, 1913–1951) und *Hans Hartung,* die lang in Frankreich lebten, waren die Vermittler der französischen und amerikanischen abstrakten Kunst und ihre Wegbereiter im westlichen Teil Deutschlands.

„Heute wird (West-)Deutschland in die in allen Kulturländern vorherrschende Bewegung der abstrakten Kunst wieder einbezogen."

Dies ist die Feststellung des Malers *Willi Baumeister* (1889–1955) in seinem Aufsatz „Bekenntnisse zur absoluten Malerei" (1952). Neben Wols und Hartung war Baumeister der bedeutendste deutsche Vertreter der gegenstandslosen Kunst.

Bilder und Skulpturen in abstrakten Formen also kennzeichneten in den ersten Jahrzehnten nach dem Krieg die Kunst in der Bundesrepublik.

In der DDR galt diese Kunst als „formalistisch" und „dekadent". Hier war lang die staatlich verordnete einheitliche Richtung der *„sozialistische Rea-*

Willi Baumeister

102

lismus". Sein Vorbild war die Kunst der stalinistischen Sowjetunion; seine Aufgabe war, wie Walter Ulbricht 1952 sagte, die Erziehung des Menschen zum Fortschritt, zum Sozialismus:

„Indem der Künstler dieses Neue, dieses Fortschrittliche in der Entwicklung der Menschen gestaltet, hilft er mit, Millionen zu fortschritttlichen Menschen zu erziehen."

„Formalismus" im Westen und „Realismus" im Osten – diese Schlagworte waren ein Ausdruck des ideologischen Konflikts auch auf dem Gebiet der Kunst.

In den sechziger Jahren wandelte sich die Bildkunst in beiden Teilen Deutschlands. In der DDR löste sie sich langsam aus den Fesseln der staatlichen Zensur; vorherrschend blieb aber eine realistische Darstellung der Wirklichkeit. *Bernhard Heisigs* und *Willi Sittes* Bilder aus der Arbeitswelt und *Werner Tübkes* Historienbilder fanden Anerkennung nicht nur in der DDR, sondern später auch in ganz Deutschland.

Neben gesellschaftliche und geschichtliche Themen trat in der DDR nun eine subjektive Thematik; auch „Konfliktbilder" entstanden trotz der Ablehnung durch die Staatspartei. *Wolfgang Mattheuers* Bild „Die Ausgezeichnete" (1974) etwa zeigt eine Frau, die in Rente geht und für ihre Arbeit „ausgezeichnet" wurde. Ist es die Auszeichnung, die der Künstler darstellen will, oder ist sein Thema nicht vielmehr die Vereinsamung einer alternden Frau? Und was ist das Ziel des „Aufsteigenden" (1967), einer Plastik *Fritz Cremers,* vor der Wolf Biermann in einem Gedicht den sozialistischen Fortschrittsglauben in Frage stellt?

„Steigt das da auf zur Freiheit . . .?
Oder steigt da die Menschheit auf
Im Atompilz zu Gott und, was wir schon ahnten:
Ins Nichts?"

Auch in der Bundesrepublik begann in den sechziger Jahren ein Wandel. Nach der Periode der abstrakten Kunst brachte die amerikanische „pop-art" grellfarbige, konkrete Bilder aus dem „American way of life" nach Europa. Junge Künstler der Protestwelle um das Jahr 1968 schufen Protestbilder; ein kritischer, oft anklagender Realismus, eine Konfliktkunst, entstand auch im

Westen. Besonderes Aufsehen erregte *Joseph Beuys* (1921–1986), der seine bizarren, schockierenden Schöpfungen aus Gegenständen des Alltagslebens zusammensetzte.

Seit 1955 wird in Kassel alle vier bis fünf Jahre die *„Documenta"* veranstaltet. *Heute sind diese großen Ausstellungen ein Spiegel der vielfältigen Experimente und Richtungen der internationalen Kunst unserer Zeit.* Sie lassen erkennen, daß es längst keine typisch deutsche Kunst mehr gibt, und wie der Dichter und Kritiker aus der ehemaligen DDR Sascha Anderson schon vor der Wiedervereinigung feststellte, kaum noch einen typisch ost- oder westdeutschen Stil:

„Mag man darüber nachdenken, ob es einen Unterschied zwischen West- und Ostkunst gibt, . . . ich kann keinen mehr finden."

Doch es ist nicht so sehr die Bildkunst, die das Leben mitbestimmt, sondern vielmehr die Architektur. Diese hatte besonders in den Nachkriegsjahren große Schöpfungen hervorgebracht, denn in der Zeit des Wiederaufbaus und des wirtschaftlichen Aufschwungs wurden ihr große Aufgaben gestellt.

„. . . wir haben gelernt, das Leben unserer Epoche in reinen, vereinfachten Formen auszudrücken."

Bereits vor dem Krieg hatten Gropius, Mies van der Rohe und Le Corbusier von der Architektur rigorose Einfachheit und Sachlichkeit gefordert, eine rigorose Beschränkung auf die architektonische Funktion.

Bis etwa 1960 bestimmte dieses Programm die internationale westliche Architektur, die wir als *„klassische Moderne"* bezeichnen. Ihre vereinfachten „abstrakten" geometrischen Formen finden ihre Entsprechung in der abstrakten Bildkunst dieser Zeit. Die Wohngebäude des „Hansaviertels" (1954), die „Kongreßhalle" (1957), die Nationalgalerie (erbaut 1968 von Mies van der Rohe) in Westberlin und nach einer Periode des stalinistischen Einflusses auch Neubauten in der DDR (die Gebäude am Alexanderplatz in Ostberlin seit 1961) sind Beispiele dieser klassischen modernen Architektur.

Doch die strengen Rechteckformen der „Wohnblöcke", der Verwaltungshochhäuser aus Stahl und Glas, die in den Nachkriegsjahren das Bild der Städte veränderten, wirken nicht selten eintönig und kalt. So war es nicht erstaunlich, daß in den sechziger Jahren sich nicht nur in der Bildkunst, sondern auch in der Baukunst ein Wandel abzeichnete. 1963 erbaute *Hans*

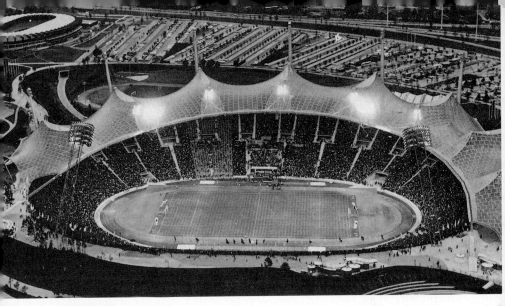

Olympiastadion München

Bernhard Scharoun (1893–1972) die Berliner Philharmonie nicht in der Form eines Rechtkants, sondern in der Form eines unsymmetrischen Zeltes. Als Landschaft von Zelten gestalteten die Architekten *Günter Behnisch* und *Frei Otto* auch das Dach über den Sportanlagen für die olympischen Spiele in München (1972).

So löste sich die Baukunst allmählich vom Dogma der „reinen, vereinfachten Formen". Sie wurde vielgestaltiger, sie erlaubt heute kühne Experimente, sie berücksichtigt Umgebung und Landschaft, sie läßt Raum für Phantasie und Poesie, für ein freies Spiel mit Formen aus allen Epochen der Baugeschichte. Die Universität Konstanz (1960–1983), die Neue Staatsgalerie in Stuttgart, 1985 erbaut von dem englischen Architekten *James Stirling,* die Gebäude und Innenräume *Hans Holleins* in Wien sind Beispiele der neuen, internationalen Architektur, ebenso die Bauwerke des Österreichers *Friedensreich Hundertwasser* (KunstHaus Wien, 1991). Als „Entwürfe meiner Träume" verteidigt Hundertwasser seine phantasiereichen, aber umstrittenen Werke der Bild- und Baukunst:

„Das Recht auf Träume ist das letzte Menschenrecht."

Diesen vielgestaltigen und phantasievollen, formen- und farbenreichen Stil in der Bild- und Baukunst, der die „klassische Moderne" abgelöst hat, bezeichnen wir als „Postmoderne".

105

36. Die Musik im Nachkriegsdeutschland

Was Gropius, Kandinsky, Klee und Picasso für die moderne Bau- und Bildkunst bedeuteten, waren Schönberg, Webern und Berg, Hindemith, Strawinsky und Bartók auf dem Gebiet der Musik. Sie waren die Lehrer der Tonkunst der folgenden Generation.

Strawinskys lebendiger Rhythmus klingt nach in den Musikdramen und Balletten *Boris Blachers* (1903–1975) und *Carl Orffs* (1895–1982), dessen „Schulwerk" (Neufassung 1954) als beste pädagogische Einführung in die neue Musik gilt. An Werke der späten Romantik und des Expressionismus erinnern die Symphonien *Karl Amadeus Hartmanns* (1905–1963). Hartmann war der Organisator der Konzertreihe „Musica viva" in München und gilt daher nicht nur als Komponist, sondern auch als bedeutender Förderer der Musik seiner Zeit.

Im Sommer 1946 begannen bei Darmstadt die „Ferienkurse für Neue Musik". Damit verwirklichte sich die Idee ihres Gründers; die hessische Stadt wurde zu einem Zentrum internationaler moderner Musik.

„Darmstadt wurde ... zum Prüffeld und Startplatz einer neuen musikalischen Avantgarde, der dritten Generation der neuen Musik."

Zu dieser Avantgarde gehörten zwei junge deutsche Musiker, die später international bekannt werden sollten: Hans Werner Henze und Karlheinz Stockhausen.

Ganz im Sinne der protestierenden Studenten von 1968 betrachtet Henze seine Musik als „Spiegel" für Widersprüche in der Gesellschaft, als Mittel zur gesellschaftlichen Veränderung. Frei verarbeitet er heute musikalische Formen aller Zeiten. Seine pazifistische Oper „Wir erreichen den Fluß" (1976) gehört zu den bedeutenden Musikdramen der letzten Jahre. Leiden, Kampf und Tod der Unterdrückten in einem von Gewalt beherrschten Staat sind die Themen dieses Werks, das dennoch in einem „Gesang der Hoffnung" endet,

„... wie ein Neubeginn in einer von allen Schrecknissen, allem Unrecht befreiten Welt."

Unter den Musikern der Avantgarde war Stockhausen der radikalste. Im Studio für elektronische Musik am Westdeutschen Rundfunk in Köln fand er 1953 ein völlig neues Experimentierfeld. Stockhausen untersuchte nicht nur die musikalischen Möglichkeiten der Elektronik; er vertiefte sich auch in die alte Musik fremder Kulturen, in die Musik Indiens, Chinas, Japans, Südamerikas und Afrikas, die er in den elektronischen Klängen seiner „Telemusik" (1966) hörbar machte.

„Wer seiner Seele Flügel gibt, fliegt in die Welt hinaus."

In den späteren Werken „Sirius" (1977) und „Licht" (1984) erweitert Stockhausen gleichsam den Flug der Seele bis in den Kosmos.

In der DDR war im ersten Jahrzehnt nach dem Krieg ein freies Experimentieren nicht möglich. Wie in der Bildkunst und Literatur forderte die Staatspartei auch in der Musik „sozialistischen Realismus".

Hanns Eisler (1898–1962) und *Paul Dessau* (1894–1979), beide bekannt als Vertoner der Stücke Bert Brechts, waren die Hauptvertreter sozialistischer Musikkultur in der DDR, die zunächst viel einheitlicher und weniger avangardistisch war als das vielgestaltige, internationale musikalische Leben in der Bundesrepublik.

Seit dem Ende des Stalinkults 1955/56 lockerten sich allmählich die ideologischen Fesseln auch auf dem Gebiet der Musik; auch die DDR öffnete sich internationalen Einflüssen. *Heute beobachten wir eine Angleichung des Musiklebens in allen Teilen Deutschlands. Wie die Bildkunst ist es gekennzeichnet durch eine Vielzahl von Richtungen und Experimenten.*

Noch immer kämpft die zeitgenössische „ernste" Musik um Anerkennung; noch immer finden bei älteren Hörern die volkstümliche Musik, aber auch die Musik des Barock, der Klassik und der Romantik, und bei Jugendlichen vor allem die Rockbands mit ihren Massenkonzerten, Festivals und ihrem Starkult viel größere Resonanz.

Sollte es möglich sein, eine moderne Musik zu schaffen, die alle Schichten der Bevölkerung anspricht? In Montepulciano, einer kleinen Stadt in Italien, hatte Hans Werner Henze mit einem Experiment einen ermutigenden Erfolg. In seiner „Werkstatt" für moderne Musik gelang es ihm, Künstler und Laien, Gebildete und Arbeiter, Kinder, Jugendliche und Erwachsene als Sänger und Spieler an moderner Musik zu beteiligen und so das „Schulwerk" Orffs weiterzuführen.

„Ich dachte, es wäre in Montepulciano möglich zu beweisen, daß Musik nicht abstrakt und nutzlos ist. ... Die Eltern haben erkannt, daß Kinder, die Musik machen, glücklicher sind als die, die es nicht tun."

37. Naturwissenschaft und Forschung im heutigen Deutschland

Kein Bereich der Kultur hat unser Wissen und Weltbild so sehr erweitert, hat den Menschen eine solche Macht gegeben und Hand in Hand mit der modernen Technik unser Leben so sehr verändert wie die moderne Naturwissenschaft.

In der ersten Hälfte des 20. Jahrhunderts hat die Naturwissenschaft mit der Erforschung der Atome und des Kosmos große Erfolge erzielt nicht zuletzt dank der Arbeit deutscher Physiker wie *Max Planck* (1858–1947), *Max Born* (1882–1970), *Otto Hahn* (1879–1968), *Werner Heisenberg* (1901–1976), der Österreicher *Erwin Schrödinger* (1887–1961) und *Wolfgang Pauli* (1900–1958) und deutsch-jüdischer Gelehrter wie *Albert Einstein* (1879–1955).

Während der Kriegs- und Nachkriegszeit jedoch hatten die europäischen Nationen ihre führende Stellung in den Naturwissenschaften verloren. Die Vereinigten Staaten und die Sowjetunion waren es, die, aufbauend auf dem Werk europäischer Wissenschaftler, den ersten Atomreaktor (1942, USA), die ersten Atombomben (1945, USA; 1949, UdSSR), die ersten Großcomputer (1945, USA), Transistoren (1947, USA) und ICs (1958, USA), die ersten Weltraumraketen und Raumsonden (1957, UdSSR) geschaffen haben.

Heute hat die europäische naturwissenschaftliche Forschung auf vielen Gebieten wieder Weltgeltung erreicht. Dies ist keineswegs das Verdienst der deutschen Wissenschaft allein. Der Erfolg ist vielmehr das Ergebnis internationaler Zusammenarbeit.

In Deutschland sind Träger der Forschung neben der Industrie und den Universitäten die vom Staat finanzierten *„naturwissenschaftlichen Großforschungseinrichtungen"* und die *„Max-Planck-Gesellschaft"*. In den etwa 60 Instituten der Max-Planck-Gesellschaft" arbeiten ständig mehr als 1000 ausländische Experten, die nicht nur aus europäischen Ländern kommen, sondern aus allen übrigen Teilen der Welt.

Die Untersuchung der Elementarteilchen erfordert heute ebenso große und kostspielige Anlagen wie die Erforschung des Kosmos. Zu solchen „Großforschungseinrichtungen" gehört der deutsche Elektronenbeschleuniger DESY bei Hamburg, der bis 1991 zu einer der größten Anlagen der Welt ausgebaut wurde; ebenso die Anlage der „Europäischen Organisation für Kernforschung" CERN bei Genf.

In der Astronomie arbeiten Institute der deutschen Hochschulen und der Max-Planck-Gesellschaft mit sieben anderen europäischen Staaten im Rahmen der „Europäischen Organisation für astronomische Forschung in der südlichen Hemisphäre (ESO) zusammen. Sie betreiben 13 Teleskope in

Elektronenbeschleuniger DESY, Hamburg

verschiedenen Ländern. Bis 1998 soll die ESO in Chile das größte optische Teleskop der Welt errichten. Die Weltraumforschung mit Raumstationen und Satelliten ist die Aufgabe der „Europäischen Weltraumorganisation" (ESA).

„Die Würde des Menschen heißt auch Erfahrung neuer Erkenntnis, Hoffnung auf neue Erkenntnis."

Die Forschung ist Ausdruck des menschlichen Strebens nach Erkenntnis und damit – wie der Präsident der Max-Planck-Gesellschaft Hans F. Zacher sagte – Ausdruck der Würde des Menschen.

Doch die Naturwissenschaften dienen nicht nur dem reinen Wissen, sondern sie haben auch eine überragende praktische Bedeutung.

Der Umweltschutz, die Gesundheit, der wachsende Bedarf an Nahrungsmitteln, Energie und Information stellen heute dringendste technisch-wissenschaftliche Aufgaben. Kein Land kann diese Probleme mehr allein lösen.

Die Raketen der ESA ARIANE tragen nicht nur Teleskope in den Weltraum, sondern auch Wetter- und Fernmeldesatelliten. In dem EUREKA-Konzept arbeiten die Wirtschaft und Wissenschaft der EG-Länder zusammen, um praktische technisch-wissenschaftliche Aufgaben zu lösen. Das wichtigste und kostspieligste Projekt ist die „Joint European Submicron Intitiative" (JESSI), ein Gemeinschaftsunternehmen der europäischen Staaten und der Elektronik-Industrie, um auf dem Gebiet der Mikroelektronik den Weltstandard der USA und Japans zu erreichen.

„Meine Herren, es gibt keine ‚Deutsche Physik'."

Bereits 1934 sprach trotz der Bedrohung durch die Nationalsozialisten der Chemiker Carl Bosch (1874–1940) dieses damals mutige Wort.

„Es gibt keine ‚Deutsche Physik'" – dieser Satz gilt nicht nur für die Naturwissenschaft, sondern übertragen auch für fast alle anderen Gebiete der Kultur. In Wissenschaft und Technik, in Wirtschaft und Handel, in der Baukunst, Bildkunst und Musik sind die nationalen Schranken endgültig gefallen.

Vielleicht die einzige Ausnahme bildet die an die Sprache gebundene Literatur unserer Zeit.

38. Die Literatur in der Bundesrepublik Deutschland

Im November 1947 traf sich im Allgäu ein Kreis junger, aus dem Krieg zurückgekehrter Schriftsteller. Zu dieser „Gruppe 47" gehörten später viele der bedeutendsten Autoren der Bundesrepublik.

Allen gemeinsam waren Erlebnisse von Krieg, Zerstörung und Unterdrük-kung; allen gemeinsam daher auch der Wille, die Öffentlichkeit zu warnen, ihre Anklage gegen soziales Unrecht und Gewalt, ihr politisches oder morali-sches „Engagement".

„Denke daran, daß nach den großen Zerstörungen jedermann beweisen wird, daß er unschuldig war... Denk daran, daß du schuld bist an allem Entsetzlichen, das sich fern von dir abspielt."

Die Erinnerung an Zerstörungen, an Leiden und Schuld, ist das Anliegen in *Günter Eichs* (1907–1972) Hörspiel „Träume" – es ist ein Grundmotiv auch der Erzählungen *Heinrich Bölls*. Die kurze Erzählung „Hierzulande" (1960) etwa handelt von einem Reisenden in einer westdeutschen Stadt. Neuer Reichtum und Prunk, das „Wirtschaftswunder" der Nachkriegsjahre hat die Stadt verändert, doch am Bahnhof erinnert sich der Reisende an eine andere Wirklichkeit:

„Noch drei Minuten bis zur Abfahrt des Zuges... Man müßte die Sprache der Bahnhöfe entdecken ... den Gesang der Stufen übersetzen können, die auf Bahnsteige hinaufführen: polnische Gefangene, russische Sklaven, Juden, Soldaten, ver-schickte Kinder, unzählige Füße Todgeweihter haben diese Stufen berührt."

Böll wurde zu dem vielleicht bekann-testen deutschen Schriftsteller der Zeit nach dem Krieg. Die Not der Kriegswitwen ist das Thema seines Romans „Haus ohne Hüter" (1954); die Geschichte einer Familie in der Geschichte unseres Jahrhunderts vol-ler Gewalt sein Roman „Billard um

Heinrich Böll

111

halb zehn" (1959). Vom Leben einer von ihren Mitmenschen verachteten Frau handelt der Roman „Gruppenbild mit Dame" (1971); die Erzählung „Die verlorene Ehre der Katharina Blum" (1974) behandelt ein ähnliches Thema: die Zerstörung des guten Rufs einer jungen Frau durch die Sensationspresse. Im Dezember 1972 erhielt der „Moralist" und „Humanist" Heinrich Böll den Nobelpreis für Literatur.

Thematisch verwandt mit den Werken Bölls sind die Romane von *Siegfried Lenz:*

> „Sie haben mir eine Strafarbeit gegeben . . . auch wenn ich die Vergangenheit aus dem Schlaf wecken muß: ich muß anfangen."

Der Roman „Deutschstunde" (1968) handelt von einem jugendlichen Häftling in einem Gefängnis. Als „Strafarbeit" schreibt er einen Aufsatz über das Thema: „Die Freuden der Pflicht". Er beschreibt die „freudige", lebenzerstörende Pflichterfüllung seines Vaters, eines Polizisten in der Hitlerzeit.

Kaum eine literarische Erscheinung hat in der Bundesrepublik mehr Aufsehen erregt als die groteske Ironie in dem Roman „Die Blechtrommel" (1959) von *Günter Grass.* In der nüchternen Prosa *Uwe Johnsons* (1934–1983) („Mutmaßungen über Jakob", 1959, „Das dritte Buch über Achim", 1961) tritt ein Thema in den Vordergrund, das die deutsche Geschichte der fünfziger und sechziger Jahre tragisch bestimmte, die Teilung des Landes, „die Grenze, der Unterschied, die Entfernung":

> „. . . die Grenze (ist) lang und (fängt) drei Meilen vor der Küste mit springenden Schnellbooten an, . . . scharf geladene Geschütze reichen bis zu dem Stacheldrahtzaun, der heranzieht zum freundlichen Strand der Ostsee."

Bert Brecht glaubte, daß die Welt veränderbar sei und daß er durch sein Theater zeigen könne, wie man sie verändern muß. Mit Stücken in der Tradition Brechts begann die Dramatik der sechziger Jahre, mit *Max Frischs* „Andorra" (1961) und *Friedrich Dürrenmatts* „Die Physiker" (1962). Doch die Hoffnung auf eine Veränderung der Welt scheint zu schwinden. Dürrenmatts tragische Komödie handelt von einem Wissenschaftler, der sich in ein Irrenhaus zurückgezogen hat. Er wollte dadurch verhindern, daß sein gefährliches Wissen in die Hände der Politiker und Generäle fällt.

Günter Grass   Siegfried Lenz

„Unsere Wissenschaft ist schrecklich geworden, unsere Forschung gefährlich, unsere Erkenntnis tödlich."

Die Flucht des Physikers war vergebens. Die wahnsinnige Leiterin des Irrenhauses hat seine Schriften geraubt und bereitet sich vor, die Welt zu beherrschen.

Martin Walsers Stücke wie „Eiche und Angora" (1962) sind kritisch-satirische Bilder der bundesdeutschen Wirklichkeit. Was aber die Dramatik jener Jahre besonders prägt, ist das „Dokumentartheater" von *Rolf Hochhuth* („Der Stellvertreter", 1963), *Heinar Kipphardt* (1922–1982) („In der Sache J. Robert Oppenheimer", 1964), besonders aber von *Peter Weiss* (1916–1982), dessen erschütterndes Schauspiel „Die Ermittlung" (1965) den Prozeß gegen die Mörder von Auschwitz fast wirklichkeitstreu auf der Bühne zeigt:

„Zeuge 6: Einer kam auf uns zu
             der rief
             Häftlinge
             Seht den Rauch da hinter den Baracken
             Der Rauch
             das sind eure Frauen und Kinder"

113

Inzwischen erscheinen auf den Bühnen, im Kino und im Fernsehen die Stücke einer jüngeren Generation von Dramatikern. Tragödien einfacher Leute, die oft am Rande der Gesellschaft stehen, von Asozialen und Gastarbeitern, behandeln die „Volksstücke" und Filme von *Franz Xaver Kroetz* („Wildwechsel", Drama und Film, 1972, „Bauern sterben", Drama, 1986), *Herbert Achternbusch* („Bierkampf", Film, 1977, „Das Gespenst", Film, 1982) und nicht zuletzt *Rainer Werner Fassbinder* (1945–1982).

Angeregt vom amerikanischen Gangster-Film, besonders aber von den Werken italienischer Regisseure wie Fellini und Visconti, bedeutet Fassbinders Produktion (Die Ehe der Maria Braun", 1979, „Die bitteren Tränen der Petra von Kant", 1982) nach dem Urteil der ausländischen Kritik „die Wiedergeburt des deutschen Films".

Zum Vorbild der Lyriker im ersten Jahrzehnt nach dem Krieg wurde vor allem das Werk *Gottfried Benns* (1886–1956). In einer Zeit des Nihilismus – so lehrt er – biete allein die Kunst den verzweifelnden Menschen einen letzten Halt.

Noch einmal ein Vermuten,
wo längst Gewißheit wacht:
die Schwalben streifen die Fluten
und trinken Fahrt und Nacht."

Das letzte „Vermuten", daß der Sommer zurückkehrt, trügt; die „Gewißheit wacht", daß der Winter kommt; die Schwalben fliegen über den See in die Dunkelheit hinaus, ins Nichts.

Man hat die Lyrik der Generation Gottfried Benns als „Seinsdichtung" bezeichnet, als eine Kunst also, die im dichterischen Wort den Grund des „Seins" erfahrbar, das „Unsagbare sagbar" zu machen versucht. Die

Ingeborg Bachmann

Werke anderer Lyriker lassen sich hier zuordnen: die früheren Gedichte *Günter Eichs* und *Karl Krolows,* der Österreicherin *Ingeborg Bachmann* (1926–1973) oder die rätselhafte Bildersprache der Dichterin *Nelly Sachs*

114

(1891–1970) und *Paul Celans* (1920–1970), deren Lyrik überschattet ist von der Tragödie ihres jüdischen Volkes.

„Ach, allein ist der Mund,
den das Dunkel verschließt."

Das „Dunkel" des Daseins verschließt den „Mund" des Dichters; Celans Lyrik endet in Schweigen, sein einsames Leben im Freitod.

Schon seit den fünfziger Jahren verstummte allmählich diese Lyrik des magischen Worts. Die Themen wurden konkreter und aktueller, an die Stelle des Vorbilds Gottfried Benn trat das von Bert Brecht:

„Meine zwei Länder und ich, wir sind geschiedene Leute
und doch bin ich inständig hier,
in Asche und Sack, und frage mich:
was habe ich hier verloren?"

Beispielhaft zeigt dieses politische Gedicht *Hans Magnus Enzensbergers* aus dem Zyklus „Landessprache" (1960) den Wandel in der Lyrik. Enzensbergers Gedichte waren eine bittere Kritik an der Gesellschaft, in der er lebt, an dem Zustand Deutschlands, das er wie „geschiedene Leute" nicht lieben konnte, für das er in „Asche und Sack" büßen wollte, eine Kritik an dem Zustand eines Landes, das sich in „zwei Länder" geteilt hatte.

In den Jahren vor 1968, als die Studentenproteste die Wohlstandsgesellschaft schockierten, erlebte das politische, gesellschaftskritische Gedicht seinen Höhepunkt. Die Gedichte *Erich Frieds* („und Vietnam und", 1966) und anderer sind gleichsam selbst „Proteste" und „Demonstrationen"; ihr Schlüsselwort heißt Veränderung. Doch welchen Sinn hat Literatur, wenn sie die Welt doch nicht verändern kann? Schon 1968 stellte Enzensberger diese Frage.

„Denen ich helfen wollte
mit meinem Mut,
helfe ich vielleicht
mit meiner Verzweiflung."

Dreizehn Jahre nach der Revolte spricht aus diesem Gedicht Erich Frieds („Lebensschatten", 1981) kaum noch Hoffnung auf eine bessere Welt.

39. Von der Literatur der DDR zur gesamtdeutschen Literatur

„Zwischen Freiheit und Staatsdienst" – mit dieser Formel umschrieb man die Lage der Schriftsteller in der DDR. Die Sozialistische Einheitspartei gewährte ihren Autoren großzügige Unterstützung, bestand aber auf ihrer Mitarbeit bei der Erziehung des Volkes zu einem sozialistischen Bewußtsein.

„Arbeit ist die große Selbstbegegnung des Menschen.
Wüßte er sonst, wer er ist?
Sammelt er das Wasser am Staudamm, so sammelt er sich."

Die Darstellung gemeinsamen Kampfes und gemeinsamer Arbeit auf dem Weg in eine sozialistische Zukunft wie in jenem Gedicht von Georg Maurer und eine leichtverständliche Beschreibung der Wirklichkeit waren Forderungen des „sozialistischen Realismus".

Die Erzählerin *Anna Seghers* (1900–1983), Trägerin des Nationalpreises der DDR, zählt zu den Hauptvertretern dieser Richtung. Ihre Menschlichkeit, ihr Eintreten für die Unterdrückten und Rechtlosen in vielen ihrer Romane und Erzählungen – man denke an die Sammlung „Die Kraft der Schwachen" (1965) – erwarben ihr Ansehen in allen Ländern deutscher Sprache.

Nach dem Tod Brechts galten *Peter Hacks* und *Heiner Müller* als bedeutendste Dramatiker in der DDR. Hacks' Werk reicht von historischen Dramen, welche die Geschichte in marxistischem Sinn erklären („Die Schlacht bei Lobositz", 1956) bis zu leichten Operetten.

Auf dem Gebiet der Prosa zählt *Erwin Strittmatters* Roman „Ole Bienkopp" (1963) zu den beachtlichen Leistungen der DDR-Literatur. Der Bauer Ole Bienkopp opfert sich im Kampf gegen den Klassenfeind, aber auch gegen die unbewegliche Bürokratie des Staates und verwirklicht in seinem Dorf eine sozialistische Gemeinschaft der Arbeit und der Produktion.

Anna Seghers

116

Wenige Werke erregten in der DDR und in der Bundesrepublik eine leiden-
schaftlichere Diskussion als *Christa Wolfs* „Der geteilte Himmel" (1963). Ihr
Thema ist die Trennung zweier Liebenden durch die Spaltung des Landes.

„‚Den Himmel wenigstens können sie nicht zerteilen', sagte Manfred
spöttisch. ‚Den Himmel? Dieses ganze Gewölbe von Hoffnung und Sehnsucht, von Liebe und Trauer? Doch', sagte sie leise. ‚Der Himmel teilt sich
zuallererst.'"

Christa Wolf ging in ihrem Buch bis an die Grenze dessen, was in ihrem Land
erlaubt war. Ihr nächstes Werk, „Nachdenken über Christa T." (1968) durfte
in der DDR nicht mehr erscheinen.

*Ist im Rahmen des „sozialistischen Realismus" Raum für die Darstellung von
Schmerz und Einsamkeit, Sehnsucht und Angst einzelner Menschen? von dem
Verlust der einst lebenstragenden Hoffnung auf eine glückliche sozialistische
Welt?*

„Wie Wasser
und Sand ist
die Zukunft."

Die Lyrik *Erich Arendts* (1903–1984), des marxistischen Widerstandskämp-
fers gegen den Faschismus in Spanien und Emigranten in Südamerika, begann mit der Hoffnung auf eine gerechte Welt und endete wie sein Gedicht
„Nachtfahrt" in Resignation. Wohl wurde Arendt selbst von der Parteiführung geachtet; die Gedichte des einst vielleicht bedeutendsten ostdeutschen
Lyrikers jedoch, *Peter Huchel* (1903–1981), erschienen in der DDR nicht
mehr:

„Wohin du stürzt, o Seele,
Nicht weiß es die Nacht. Denn da ist nichts
Als vieler Wesen stumme Angst."

*Wie groß ist die Wirkung der Literatur auf die Ideen der Menschen? Ihre
Bedeutung im Dienste der Staatsmacht oder gegen sie?*

Selten haben Gedichte und Lieder eine solche Resonanz gefunden wie die
des marxistischen „Liedermachers" und Sängers *Wolf Biermann.* Seine
Sammlung politischer Lieder „Die Drahtharfe" (1965) – eine schneidende
Kritik an dem Zustand Deutschlands und nicht zuletzt am Staat der SED,

erreichte die bis heute höchste Auflage eines Gedichtbandes in der Bundesrepublik.

„Es senkt das Deutsche Dunkel
Sich über mein Gemüt,
Es dunkelt übermächtig
In meinem Lied.

Das kommt, weil ich mein Deutschland
So tief zerrissen seh,
Ich lieg in der besseren Hälfte
Und habe doppelt Weh.“

Im November 1976 kam der Lieder-
macher auf einer Konzertreise in den
Westen. Nach seinem Auftritt in Köln
am 13. November erhielt er die Nach-
richt, daß die Behörden der SED eine
Rückkehr in die DDR untersagt hatten.

Biermanns Ausbürgerung bedeutete
für die Kultur der DDR einen
schmerzlichen Einschnitt. Weitere
Schriftsteller, die gegen das Vorgehen
ihres Staates protestiert hatten, wurden gerügt, bestraft oder zum Schwei-
gen verurteilt, die Erzähler *Stephan*   Wolf Biermann
Heym, Rolf Schneider, der Lyriker
Günter Kunert; andere Künstler und Autoren wie *Reiner Kunze* oder *Jurek
Becker* („Jakob, der Lügner“, Roman, 1969) folgten Wolf Biermann in das
„Exil“ im anderen Teil des „tief zerrissenen“ Landes.

„Wenn ich in einem Haus bin, das keine Tür hat,
Geh ich aus dem Fenster.“

Auch eine der bedeutendsten Lyrikerinnen deutscher Sprache, *Sarah Kirsch,*
verließ – wie sie in dem Gedicht „Die Trennung“ (1979) andeutete – das
„Haus, das keine Tür hat“, ihre Heimat, die DDR.

Kunzes Buch kurzer, meisterhafter Erzählungen aus dem Alltagsleben von Jugendlichen in der DDR „Die wunderbaren Jahre" (1976) – in der DDR ebenfalls verboten – wurde zu einem Erfolg nicht nur im übrigen deutschen Sprachraum, sondern übersetzt in vielen anderen Ländern der Welt:

„Es kommt nicht darauf an, daß der Staat lebe – es kommt darauf an, daß der Mensch lebe!"

Im Dezember 1981 kam es – zum ersten Mal seit 1947 – in Ostberlin zu einer Begegnung zwischen Schriftstellern und Künstlern aus der Bundesrepublik und der DDR. Trotz ihrer Differenzen hatten alle das gleiche Anliegen, die Bewahrung des Friedens; trotz jahrzehntelanger Trennung zeichnete sich eine Grundlage ab, die die Literatur in Ost- und Westdeutschland verband.

Was ist ihre Aufgabe? Ist sie eine Waffe im Kampf um die Aufklärung der Menschen? Eine Waffe im Kampf um eine bessere, gerechtere Welt?

„Kunst war nie ein Mittel, die Welt zu ändern, aber immer ein Versuch, sie zu überleben."

Thomas Brasch, in der DDR verhaftet, 1976 in die Bundesrepublik überge-siedelt, widerruft damit endgültig Bert Brechts Programm.

Schon in den siebziger Jahren wandelte sich die Literatur sowohl in der Bundesrepublik als auch in der DDR. Man spricht von einer „Tendenz-wende", von einer „neuen Subjektivität" und im Übergang in die achtziger Jahre von „Postmoderne".

Themen, welche die Literatur der sechziger Jahre bestimmt hatten, traten nun in den Hintergrund. Neben der Gesellschaft entdeckten die Schriftsteller wieder das eigene Ich; neben den kritischen Verstand traten wieder Gefühl, Empfindung und Phantasie. Nach der marxistischen Aufklärung erwachte ein neues Interesse an Mythos und Religion, an der Frage nach dem Sinn des Lebens.

Heute zählt man neben Autoren aus der ehemaligen DDR wie Rainer Kunze, Volker Braun und Sarah Kirsch vor allem *Peter Handke* und *Botho Strauß* zu den Vertretern der neuen Literatur. In seiner Prosa und seinen Theaterstücken wie „Trilogie des Wiedersehens" (Roman, 1977), „Groß und klein" (Szenen, 1978), „Der junge Mann" (Roman, 1984) stellt Strauß die Frage nach der Herkunft, nach dem dunklen Lebensweg des Menschen und nach seinem Ziel. Lebenswege beschreibt auch Peter Handke in seinen Romanen „Langsame Heimkehr" (1979–1981) und „Die Wiederholung" (1986). Auch wenn das Ziel dieser Wege im dunklen bleibt, die Kunst, „die Erzählung", begleitet und „wiederholt" sie bis zum Ende:

„Die Sonne der Erzählung, sie stehe für immer über dem erst mit dem letzten Lebenshauch zerstörbaren ... Land."

40. Von der friedlichen Revolution zur Wiedervereinigung

Am 7. Oktober 1989 feierte die Regierung der DDR das 40jährige Bestehen des „ersten sozialistischen deutschen Staates", doch dieser Staat war in einer tiefen Krise. Alle Nachbarländer der DDR im Osten Europas hatten Reformen eingeleitet; sie hatten den Sozialismus als Gesellschaftsform aufgegeben und liberale Verfassungen eingeführt, die auf Freiheit und Menschenrechten beruhten. Allein die DDR schien zu Reformen nicht mehr fähig zu sein.

„Wer zu spät kommt, den bestraft das Leben."

Dies war die Warnung Michail Gorbatschows an die alt gewordenen Führer der SED.

Bereits im September hatte Ungarn die Grenze zu Österreich geöffnet. Die Folge war ein Strom von Zehntausenden von Flüchtlingen aus der DDR, die über Ungarn und Österreich in die Bundesrepublik kamen. In der DDR fanden die Gegner der SED Zuflucht in den Kirchen. Am 9. Oktober, zwei Tage nach dem Staatsjubiläum, versammelten sich vor der Nikolai-Kirche in Leipzig 50 000 Menschen zu einer Demonstration für die Freiheit mit dem Ruf:

„Wir sind das Volk!"

In den folgenden Wochen wurde aus den Demonstrationen in Ostberlin, Leipzig, Dresden und anderen Städten der DDR eine friedliche Revolution. Die SED hatte die Macht über das Volk verloren.

Am 18. Oktober trat Erich Honecker als Staats- und Parteichef zurück, und am 9. November öffnete die Regierung der DDR überraschend die Grenze

Demonstration in Leipzig, Oktober 1989

zur Bundesrepublik und die Mauer in Berlin. Berlin erlebte das größte Freudenfest seiner 750jährigen Geschichte:

„Wer diese Nacht in Berlin erlebt oder sie am Fernsehschirm verfolgt hat", so berichtet der regierende Bürgermeister, „der wird die Nacht zum zehnten November nie vergessen. Gestern nacht war das deutsche Volk das glücklichste Volk der Welt."

Was wenige Wochen vorher noch fast undenkbar war, erschien nun möglich: die Wiedervereinigung Deutschlands. Wie würde die Welt darauf reagieren? Wie würde sich vor allem die Sowjetunion verhalten, deren wichtigster Verbündeter die DDR war? Am 10. Februar 1990 gab Gorbatschow seine Zustimmung:

„Die Deutschen sollen selbst wählen, in welcher Staatsform ... sie ihre Einheit verwirklichen."

Damit war das größte Hindernis auf dem Weg zur Einheit beseitigt.

Die ersten freien Wahlen in der DDR am 18. März 1990 führten zu einem Sieg der „Allianz für Deutschland"; Lothar de Maizière, der Chef der Ost-CDU, wurde neuer Ministerpräsident. Die rasche Wiedervereinigung war nun das Ziel beider deutscher Regierungen.

Am 1. Juli 1990 wurde die „Wirtschafts-, Währungs- und Sozialunion" verwirklicht und die Deutsche Mark in der DDR eingeführt. Seitdem ist Deutschland wieder ein Wirtschaftsraum. Durch den folgenden „Einigungsvertrag" (20. Sept. 1990) wurde die politische und rechtliche Struktur der Bundesrepublik auf die DDR übertragen, die alten „Länder" Thüringen, Sachsen, Sachsen-Anhalt, Brandenburg, Mecklenburg-Vorpommern und Berlin wieder hergestellt und die Grenze zu Polen als endgültig anerkannt. Berlin sollte wieder die Hauptstadt Deutschlands werden.

Am 3. Oktober 1990 übernahm die DDR das „Grundgesetz der Bundesrepublik Deutschland". Damit war die Vereinigung vollendet. Der zweite deutsche Staat existierte nicht mehr.

Die Wiedervereinigung war die Folge einer friedlichen Revolution. Ohne die Reformen in den osteuropäischen Ländern, ohne das Ende des „Kalten Krieges" und die Auflösung des kommunistischen Machtblocks wäre sie jedoch nicht möglich gewesen.

„Wir erleben eine der sehr seltenen historischen Phasen, in denen wirklich etwas zum Guten verändert werden kann."

So beurteilte Bundespräsident Richard von Weizsäcker die neue Lage.

Diese Veränderung bedeutet nicht nur einen tiefen Einschnitt in der Geschichte Deutschlands, sondern auch in der Geschichte Europas. Mit der Wiedervereinigung Deutschlands endet die Nachkriegszeit.

In der Zeit, als die Deutschen „das glücklichste Volk der Welt" waren, dachten wenige an die großen Probleme, die nun bevorstanden, an den Zusammenbruch des Wirtschaftssystems der ehemaligen DDR, an den Verlust von Millionen Arbeitsplätzen, an den kostspieligen, mühsamen Neuaufbau nach 40 Jahren Herrschaft der SED.

„Das alte Gehäuse ist zusammengebrochen, noch bevor ein neues gebaut werden konnte."

Der Ministerpräsident von Sachsen charakterisiert damit die Schwierigkeiten beim Neuaufbau, ohne eine Antwort auf die Frage zu wissen, wie lange dieser dauern und wie schwer er sein wird.

Vor 120 Jahren hat Otto von Bismarck die deutschen Länder in zwei Kriegen durch „Blut und Eisen" zu einem selbständigen, mächtigen Nationalstaat vereinigt; in zwei Weltkriegen wurde dieser Staat durch „Blut und Eisen" vernichtet. Nun ist Deutschland abermals ein Staat geworden. Wird es wieder ein selbständiger, mächtiger Nationalstaat werden, wie Bismarck ihn gewollt hat?

Die Welt hat Grund zur Hoffnung, daß die Geschichte diese Frage mit „nein" beantwortet. Während des „Kalten Krieges" haben sich die westeuropäischen Staaten zur „Europäischen Gemeinschaft" zusammengeschlossen, und heute, nach dem Ende des „Kalten Krieges", bitten auch die osteuropäischen Staaten um Aufnahme in diese Gemeinschaft. Es scheint, daß nach der Vereinigung Deutschlands die europäische Geschichte einem weiteren Ziel zustrebt:

Richard von Weizsäcker

„Die wichtigsten Aufgaben kann heute keine Nation mehr allein lösen. ... Dies gilt für die Sicherheit und die Ökologie, für die Wirtschaft und die Energie, für den Verkehr und die Telekommunikation, für Forschung und Wissenschaft. ... Die europäische Gemeinschaft hat dazu ein überzeugendes Modell geschaffen... Für die Völker Europas beginnt damit ein grundlegend neues Kapitel ihrer Geschichte."

Dieses neue Europa ist – wie Richard von Weizsäcker in seiner Ansprache am 3. Oktober 1990 sagte – nicht mehr ein Europa der selbständigen Nationalstaaten. Alte Aufgaben werden die Staaten an die Staatengemeinschaft abtreten und dafür andere übernehmen. Wird das vereinigte Deutschland sich in die Gemeinschaft einfügen? Wird es die neuen Aufgaben erfüllen, wie sein Präsident es von ihm erwartet?:

„Wir wollen in einem vereinigten Europa dem Frieden der Welt dienen."

Erklärungen und Fragen

In den folgenden Erklärungen sind eine Reihe von weniger gebräuchlichen Ausdrücken in einfacheren Worten umschrieben. Die Pluralformen der Substantive sind in Klammern angedeutet; die Imperfekt- oder Perfektformen starker oder unregelmäßiger Verben werden ebenfalls angegeben. An die Worterklärungen schließt sich jeweils eine Reihe von Fragen an. Es empfiehlt sich, nach dem Studium eines Abschnittes die Fragen dazu mündlich oder schriftlich in ein oder zwei Sätzen zu beantworten. Dies wird den Schülern die Möglichkeit geben, ihr Textverständnis zu kontrollieren, ihre Sprachkenntnisse zu erweitern und ihr Sachwissen zu festigen.

1. Die Landschaften im Zentrum Europas
Deutschland im politischen und im kulturellen Sinn

Erklärungen

das Becken (–)	hier: ein breites, rundes Tal
der Kulturraum (″ e)	das Gebiet einer bestimmten Kultur
die Messestadt (″ e)	eine Stadt, in der Industrieausstellungen veranstaltet werden
das Mittelgebirge (–)	ein Gebirge, das nicht viel höher ist als 1500 Meter
der Nebenfluß (″ e)	ein Fluß, der in einen größeren mündet
seit alters her	seit alter Zeit
die Stätte (n)	ein Ort, dem eine besondere Bedeutung zukommt
die Tiefebene (n)	eine Ebene, die nur wenig über dem Meeresspiegel liegt
übergehen, ging über, ist übergegangen	allmählich zu etwas anderem werden

Fragen

1. Welches Gebirge begrenzt Mitteleuropa im Süden?
2. Welche Landschaft schließt sich im Norden an das Alpenvorland an?
3. Was lassen die Namen Schwarzwald, Odenwald, Bayerischer Wald usw. erkennen?
4. Warum wachsen in der Oberrheinischen Tiefebene besonders viel Obst und Wein?
5. Welche großen Städte liegen in den Tälern des Oberrheins, des Neckars, des Mains und seiner Nebenflüsse?
6. Welche Landschaft erstreckt sich nördlich der Mittelgebirge?
7. Warum fließen die meisten Ströme Mitteleuropas von Süden nach Norden?
8. Warum nennt man Hamburg und Bremen „Deutschlands Tore zur Welt"?
9. Welche Bedeutung hat die Tatsache, daß Deutschland weder im Osten noch im Westen natürliche Grenzen hat?
10. Welche Gebiete umfaßt Deutschland im politischen Sinn?

11. Welche Gebiete umfaßt Deutschland im kulturellen Sinn?
12. Warum kann man sagen, daß die deutschsprachigen Länder kulturell nicht isoliert sind?

2. Germanen, Römer und Christentum

Erklärungen

das Abendland	die Länder Europas als kulturelle Einheit
datieren	das Datum oder die Zeit bestimmen
die Landnahme	die Besiedlung eines Landes
seßhaft	feste Wohnsitze habend
der Stamm (″e)	ein Teil eines Volkes, gewöhnlich eines nicht zivilisierten Volkes
die Vermittlung	hier: das Weitergeben eines Kulturgutes, das man von einem anderen Volk erhalten hat
die Vorfahren	die früheren Generationen eines Volkes oder einer Familie
Atta unsar...	In unserem Text sind die Buchstaben den modernen Formen angeglichen. Das „th" in „thū, thīn" usw. wird wie das englische „th" ausgesprochen. Ein Strich über einem Laut bezeichnet eine Länge

Fragen

1. Wem verdanken wir die ersten genaueren Nachrichten über die Völker Nord- und Mitteleuropas?
2. Wer sind die Vorfahren der heutigen Deutschen?
3. Was lassen alte Städtenamen wie Köln, Bonn, Regensburg und Augsburg erkennen?
4. Wie erklärt man den Namen „Köln"?
5. Wo verliefen die nördlichen Grenzen des Römischen Reiches?
6. Wie erklärt man, daß die Germanen die Wörter „Fenster, Wein, Schule" und „Staat" aus dem Lateinischen in ihre Sprache übernommen haben?
7. Was geschah im vierten und fünften Jahrhundert mit dem Römischen Reich?
8. Wie nennt man die Wanderung der Germanen im vierten und fünften Jahrhundert?
9. Welche Germanenstämme besiedelten damals das Gebiet des heutigen Deutschlands?
10. Was erinnert noch heute an die Siedlungsgebiete der Germanenstämme in Deutschland?
11. Welche Bedeutung hat der Bischof der Westgoten Ulfilas für die Geistesgeschichte?
12. Von welcher Zeit an datiert man das Mittelalter?

3. Das Reich und die Kirche des Mittelalters in Einheit und Konflikt

Erklärungen

der Apostel (–)	ein Jünger Christi; jemand, der eine neue Lehre verkündet
das Bewußtsein	hier: der Gedanke, die Idee
der Bischofssitz (e)	eine Stadt, in der ein Bischof residiert
fortan	von dieser Zeit an
die Jahrtausendwende	die Zeit um das Jahr 1000
lichten	die Bäume eines Waldes fällen
der Missionar (e)	ein Prediger oder Priester, der die heidnische Bevölkerung zum Christentum bekehrt
die Quelle (n)	hier: der Ausgangspunkt
übertragen, übertrug, hat übertragen	hier: ein Gebiet zur Verwaltung übergeben
das Weideland	Wiesen, auf denen Haustiere fressen
weltlich	nicht zum Priesterstand der katholischen Kirche gehörend, nicht geistlich

Fragen

1. Wem gelang es nach der Völkerwanderung, in West- und Mitteleuropa ein neues Reich zu gründen?
2. Wie weit erstreckte sich das Reich Karls des Großen?
3. Welche Bedeutung hat der heilige Bonifatius für die deutsche Geschichte?
4. Was bedeutete die Kaiserkrönung Karls des Großen für das fränkische Reich?
5. Welche Bedeutung haben die karolingischen Klöster für die deutsche Literatur?
6. Was ist die wichtigste Quelle der karolingischen Literatur?
7. Wovon handeln das Hildebrandslied und das Wessobrunner Gebet?
8. Welcher Kaiser erneuerte die Macht des Reiches im 10. Jahrhundert?
9. Wem diente die Kirche zur Zeit Karls des Großen und Ottos des Großen?
10. Was lehrte Papst Gregor VII.?
11. Was war die Folge des Konfliktes zwischen Kaiser und Papst?
12. Was geschah 1945 mit den Gebieten östlich der Oder und Neiße, die im Mittelalter von deutschen Kolonisten besiedelt wurden?

4. Glanz und Niedergang des mittelalterlichen Reiches

Erklärungen

der Adelige (n)	in früheren Zeiten eine Person, die durch Geburt oder Verleihung besondere Rechte besaß
die Bürokratie	die Gesamtheit der Beamten eines Staates
sich dem Ende zuneigen	langsam zu Ende gehen
das Feudalsystem (e)	eine Herrschafts- und Gesellschaftsordnung unter der Führung des privilegierten Adels
der Graf (en)	ein niederer Adeliger
die partikularen Gewalten	die Herrschaft der Fürsten und Städte im Gegensatz zur Herrschaft des Kaisers
der Kreuzzug (″e)	Kriegszug christlicher Ritter in das „Heilige Land"
der Ritter (–)	ein niederer Adeliger
der Reichsritter (–)	ein Ritter im Dienste des Kaisers
das stehende Heer (e)	ein Heer, das aus Berufssoldaten besteht
Stadtrat (″e)	eine gewählte Versammlung von Ratsmitgliedern, die die Verwaltung einer Stadt kontrollieren
umspannen	umfassen
verleihen, verlieh, hat verliehen	hier: ein Gebiet zur Verwaltung und Nutzung überlassen

Fragen

1. Welche Parteien kämpften im 12. Jahrhundert um die Königskrone?
2. Was war Friedrich Barbarossas Lebensziel?
3. Welche Bedeutung hatten die Ritter für die mittelalterliche Kultur?
4. Wie weit erstreckte sich der Einfluß des Reiches zur Zeit Heinrichs VI.?
5. Wie war der Stand der kulturellen Entwicklung Mitteleuropas im 12. Jahrhundert verglichen mit den Kulturen des Orients?
6. Warum war es den Kaisern des Mittelalters nicht möglich, eine gebildete Bürokratie und ein stehendes Heer zu schaffen?
7. Wie wurden weite Gebiete des mittelalterlichen Reiches verwaltet?
8. Wozu waren die Fürsten dem Kaiser gegenüber verpflichtet?
9. Womit kann man das Lehenssystem vergleichen?
10. Warum zerstörte Friedrich Barbarossa 1162 die Stadt Mailand?
11. Was war das Ergebnis des Kampfes des Kaisers gegen den Papst, gegen die deutschen Fürsten und gegen die italienischen Städte?
12. Was erinnert heute noch an die Territorien, die im späten Mittelalter allmählich ihre Selbständigkeit erkämpften?

5. Die Bild- und Baukunst des Mittelalters –
Die Romanik und die Gotik

Erklärungen

die Basilika, Basiliken	eine Form der frühchristlichen Kirche, deren Mittelschiff höher ist als die Seitenschiffe
die Burg (en)	ein durch dicke Mauern vor Feinden geschütztes Gebäude aus alter Zeit
das Deckengewölbe (–)	eine Decke, deren Querschnitt die Form eines Bogens hat
der Dom (e)	die Hauptkirche eines Bischofssitzes
die Fresken (Plur.)	eine besondere Art der Wandmalerei
die Kathedrale (n)	eine große Kirche eines Bischofs, besonders in Frankreich, England und Spanien
das Münster (–)	besonders in Süddeutschland gebräuchliches Wort für Hauptkirche, Dom
umspannen	umfassen

Fragen

1. Wer war die wichtigste Trägerin der mittelalterlichen Kultur?
2. Welche Aufgabe hatten die Architektur, die Bildkunst, die Literatur und die Musik nach mittelalterlichen Vorstellungen?
3. Aus welchen Formen entwickelte sich die Kunst des Kirchenbaus?
4. Welche bedeutenden Kirchen entstanden im 11. und 12. Jahrhundert in Deutschland?
5. Was sind die wichtigsten Merkmale des romanischen Stils?
6. Wo und wann begann sich der Stil zu wandeln?
7. Was sind die wichtigsten Merkmale des gotischen Stils?
8. Was sind die bekanntesten Bauwerke im gotischen Stil?
9. Warum bezeichnet man den gotischen Stil als „universal"?
10. Was gibt uns heute noch eine Vorstellung von der romanischen Malerei?
11. Wo haben viele deutsche Bildhauer im Mittelalter ihre Kunst erlernt?
12. Welche Städtebilder werden heute noch durch Gebäude aus dem Mittelalter geprägt?

6. Die Literatur der Kirche und des Ritterstandes

Erklärungen

bestellt	... der hat sein Leben wohl bestellt = er lebt so, wie man leben soll
entwenden	wegnehmen, rauben
geistlich	zum Priesterstand der Kirche gehörend
die Gnade (n)	eine Gabe Gottes, durch die die Menschen das ewige Heil erlangen
die Heilsbotschaft	die Lehre Jesu Christi, das Evangelium
die Huld	Liebe, Wohlwollen
keltisch	alles, was mit den Kelten und ihrer Kultur zusammenhängt
der Minnesänger (–)	im Mittelalter ein Dichter und Sänger von Liebesliedern
der Ritterstand	die Gemeinschaft der Ritter
streben	sich mit allen Kräften um etwas bemühen, für etwas arbeiten
der Standesunterschied (e)	hier: der Unterschied zwischen Adeligen und Nicht-adeligen
der Troubadour (s)	ein altfranzösischer Sänger und Dichter von Liebesliedern
verweltlicht	die Kirche war verweltlicht = sie strebte nach weltlicher Macht und Geld
vorherbestimmt	von Gott vorher festgesetzt, prädestiniert
weltlich	nicht zum Priesterstand der Kirche gehörend
der werlte hulde	die Ehre und die Freuden der ritterlichen Welt
sich zuwenden, wendete, wandte sich zu, hat sich zugewendet, zugewandt	sein Interesse auf etwas lenken
O wôl dir, wîp, ...	Heil dir, Frau, welch ein reiner Name! Wie lieblich er doch zu nennen und zu erkennen ist!
Unter der Linden ...	Unter der Linde auf der Heide, wo unser beider Bett war, da könnt ihr geknickte Blumen und geknicktes Gras finden. Vor dem Wald in einem Tal, tandaradei, sang schön die Nachtigall.

Man beachte, daß im mittelalterlichen Deutsch „ei" nicht wie [ai], sondern wie [e-i] und „ie" nicht wie [i:], sondern wie [i-e] ausgesprochen werden. Alle nicht durch eine Länge (z. B. î) gekennzeichneten Laute sind kurz.

Fragen

1. Was war die Sprache der Kirche im Mittelalter?
2. Was war das zentrale Thema der lateinischen Literatur des Mittelalters?
3. Was sagte Augustinus über den Menschen, der zum „Gottesstaat" gehört?

4. Was war das höchste Ziel des mittelalterlichen Menschen?
5. Wer war der wichtigste Träger der deutschen Literatur des hohen Mittelalters?
6. Was war das Thema der Lieder der Minnesänger?
7. Welche sind die bekanntesten deutschen Dichter des hohen Mittelalters?
8. Wovon handelt das „Nibelungenlied"?
9. Wovon handelt das Epos „Parzival"?
10. Welches Ziel hat Parzival schließlich erreicht?
11. Warum kann man sagen, daß Parzivals Ideal bald nicht mehr der Wirklichkeit entsprach?
12. Was war das Anliegen der Mystik?

7. Die Reformation

Erklärungen

der Ablaß (″e)	ein Erlassen von Sündenstrafen
der Ablaßhandel	das Kaufen und Verkaufen von Ablässen
alleredelst	das edelste von allen
der Augustinermönch (e)	ein Mönch des Ordens der Augustiner
das Bußsakrament	nach der Lehre der katholischen Kirche eine heilige Handlung, durch die von Gott die Sünden vergeben werden
die Disputation (en)	ein religiöses Streitgespräch
die Glaubensquelle (n)	etwas, woraus der Mensch seinen Glauben schöpft
die Gnade (n)	eine Gabe Gottes, durch die die Menschen das ewige Heil erlangen
das Gnadenmittel (–)	ein Mittel, um die Gnade zu erhalten
das Konzil (e)	eine Versammlung der Bischöfe der katholischen Kirche
laut werden	der Ruf nach Reform wurde laut = man forderte Reformen
die Peterskirche	die Kirche über dem Grab des heiligen Petrus in Rom
der Priesterstand	die Gemeinschaft der Bischöfe und Priester der katholischen Kirche
der Römerbrief	der Brief des Apostels Paulus an die Römer
die Sündenstrafe	die Strafe Gottes, die man durch seine Sünden verdient hat
die Vermittlung	hier: die notwendige Hilfe der Kirche zur Erlangung der Gnade Gottes

Fragen

1. Warum wurde im späten Mittelalter der Ruf nach einer Reform der Kirche laut?
2. Welche religiöse Frage beunruhigte Martin Luther?
3. Wozu forderten die Ablaßprediger die Gläubigen auf?

4. Welcher Eindruck entstand durch die Aufforderung, Ablässe zu „kaufen"?
5. Wodurch kann nach Luthers Lehre der Mensch die Gnade Gottes erlangen?
6. Was versteht Luther unter „Glauben"?
7. Wovon handeln die 95 Thesen, die Luther 1517 veröffentlichte?
8. Wodurch erlangt der Mensch nach katholischer Lehre die Gnade Gottes?
9. Welche Vollmacht haben nach katholischer Lehre der Papst und der Priesterstand?
10. Was sagt Martin Luther über den Papst und den Priesterstand?
11. Was lehrt die katholische Kirche und was lehrt Luther über die Glaubensquellen?
12. Wer führte die Reformation in der Schweiz und in Westeuropa durch?

8. Das kulturelle Leben im Zeitalter der Reformation

Erklärungen

das Bürgertum	der Stand der Handwerker, Kaufleute und Beamten
das Erz	ein tönend Erz = hier: ein klingendes Stück Metall
Flandern	eine Landschaft in Belgien und Nordfrankreich
der Gesichtskreis	die Grenzlinie des Gebietes, welches man von einem Standpunkt aus sehen kann, der Horizont, auch in übertragenem Sinn
der Holzschnitt (e)	ein Bild, das mit einer Holzplatte hergestellt wird, in die eine Zeichnung eingeschnitten ist
der Kupferstich (e)	ein Bild, das mit einer Kupferplatte hergestellt wird, in die eine Zeichnung eingeritzt ist
hätte der Liebe nicht	„der Liebe" ist hier ein alter Genitiv
die Schelle (n)	eine kleine Glocke
der Stadtstaat (en)	in der Zeit der Renaissance in Italien eine Stadt, die mit dem umliegenden Gebiet einen Staat bildete
versetzen	Berge versetzen = Berge von einem Ort an einen anderen tragen
weissagen, weissagte, hat geweissagt	die Zukunft voraussagen

Fragen

1. Wodurch waren gegen Ende des Mittelalters viele deutsche Städte reich geworden?
2. Welcher Stand prägte das kulturelle Leben zur Zeit der Reformation?
3. Wodurch ist Johannes Gutenberg bekannt?
4. Welche Bedeutung hat Martin Luther für die Geschichte der deutschen Sprache?
5. Was war das zentrale Thema des Humanismus und der Kunst der Renaissance?
6. Welche Epoche der Kunst und Literatur war das Vorbild der Humanisten und der Künstler der Renaissance?
7. Welche sind die bedeutendsten Werke Matthias Grünewalds, Tilmann Riemenschneiders und Albrecht Dürers?

8. Was lehrte Nikolaus Kopernikus in seinem Werk „Die Kreisbahnen der Himmelskörper"?
9. Wie beurteilte Goethe die Entdeckung des Kopernikus?
10. Welche Bedeutung hatten die neuen Kenntnisse in der Astronomie für die Seefahrt?
11. Welche Folgen hatten die Entdeckungsfahrten der europäischen Völker für die nichteuropäischen Länder?
12. Welche geschichtlichen Ereignisse und Bewegungen leiten die Neuzeit ein?

9. Gegenreformation, Glaubenskriege und Absolutismus

Erklärungen

absolutistisch	die Fürsten und Könige im 17. und 18. Jahrhundert waren absolutistische Herrscher; das bedeutet, daß alle Staatsgewalt in ihrer Hand lag
besiegelt	mit einem Siegel versehen; nicht mehr zu ändern, endgültig
das Eingreifen	die Intervention
entmachten	die Macht nehmen
das Erzbistum (″er)	ein Gebiet, das von einem Erzbischof verwaltet wird
der Herzog (″e)	ein Titel eines hohen Adeligen
das Konzil (e)	eine große Versammlung katholischer Bischöfe
die Wahrung	die Erhaltung

Fragen

1. Wie weit erstreckte sich das Reich Karls V.?
2. Was war Karls V. großes Ziel?
3. Warum konnte Karl V. den Krieg gegen die deutschen protestantischen Fürsten nicht völlig gewinnen?
4. Was war das Ergebnis des Augsburger Religionsfriedens von 1555?
5. Was war die Bedeutung des Konzils von Trient?
6. Warum sind Süddeutschland und das Rheinland heute noch zum großen Teil katholisch?
7. Was führte schließlich zum Ausbruch des Dreißigjährigen Krieges?
8. Was waren die Folgen des Dreißigjährigen Krieges für die Niederlande und die Schweiz?
9. Was waren die Folgen für die deutschen Fürstentümer?
10. Was gelang den Fürsten und Königen in ihren eigenen Territorien?
11. Was bedeutet das Wort des französischen Königs Ludwig XIV. „Der Staat bin ich"?
12. Was erinnert heute noch an die einst selbständigen Staaten in Mitteleuropa?

10. Die Kultur des Absolutismus – Das Barock

Erklärungen

die Aufklärung	eine geistige Bewegung im 18. Jahrhundert, die für Vernunft und Menschenrechte eintrat und gegen den Aberglauben kämpfte
ausklingen	wie eine Melodie zu Ende gehen
der Choral (″ e)	ein Lied für den Gottesdienst
einreißen	zerstören
die Eitelkeit	die Nichtigkeit, Vergänglichkeit
hinausweisen, wies hinaus, hat hinausgewiesen	hier: auf etwas zeigen, was außerhalb bestimmter Grenzen liegt
die Hofburg	die Residenz der österreichischen Kaiser in Wien
itzund	eine alte Form für „jetzt"
der Kantor (en)	in früheren Zeiten der Organist und der Leiter des Kirchenchores
die Kantate (n)	ein lyrischer, von Instrumenten begleiteter Gesang
die Klassik	eine Kulturepoche am Ende des 18. und zu Beginn des 19. Jahrhunderts, deren Schöpfungen sich durch Harmonie und Vollkommenheit auszeichnen. Goethe und Schiller sind die Klassiker in der deutschen Literatur, Haydn, Mozart und Beethoven in der Musik
die Passion	hier: die Vertonung der Leidensgeschichte Jesu Christi
verinnerlicht	eine verinnerlichte Musik spricht die Seele an und legt keinen Wert auf äußere Effekte
das Weltbürgertum	ein Weltbürger ist ein Mensch, der die ganze Welt als seine Heimat betrachtet

Fragen

1. Welche zwei Mächte waren die Träger der Kultur des Barock?
2. Was sind die wichtigsten Merkmale des Barockstils?
3. In welchen Ländern entwickelte sich der Stil des Barock?
4. Warum entstanden gerade in Süddeutschland und Österreich prächtige Barockkirchen?
5. Welche Bedeutung hat Versailles für die Baukunst des Barock?
6. Was kennzeichnet den Stil des Rokoko?
7. Was bedeutet die spanische Dichtung für die Literatur des Barock?
8. Was sind die thematischen Pole vieler Dichtungen des Barock?
9. Wie hat man die Musik Johann Sebastian Bachs charakterisiert?
10. Woran erinnert die Musik Georg Friedrich Händels?
11. Was lehrte Gottfried Wilhelm von Leibniz über die Welt?
12. Was verbindet Leibniz mit der Zeit Lessings, Kants und Goethes?

11. Der Verfall des Absolutismus und die Entstehung des modernen Staates

Erklärungen

die Bürokratie	die Gesamtheit der Beamten, die einen Staat verwalten
das Bürgertum	der Stand der Handwerker, Kaufleute, Unternehmer und Beamten
der Stand (" e)	hier: eine Gruppe von Menschen mit gleicher sozialer Stellung. Die Adeligen, die Geistlichkeit, die Bürger waren früher Stände mit unterschiedlichen Rechten
die Geistlichkeit	der Stand der Bischöfe, Priester und Mönche
das stehende Heer	ein Heer, welches aus Berufssoldaten besteht
die Wohlfahrt	die soziale Sicherung durch den Staat
die Zeitenwende	das Ende einer alten und der Beginn einer neuen Epoche

Fragen

1. Was waren die großen Leistungen der absolutistischen Herrscher?
2. Welcher Stand erstarkte unter dem Schutz des Absolutismus?
3. Welche Mängel der Staats- und Gesellschaftsform des Absolutismus fand das Bürgertum unerträglich?
4. Was lehrte John Locke über den Menschen und über den Staat?
5. Welche Wirkung hatte das Werk Montesquieus auf die Staats- und Gesellschaftsform des Absolutismus?
6. Welche Bedeutung hat das Jahr 1776 für die Weltgeschichte?
7. Was ist der oberste Grundsatz des „Staatsvertrages"?
8. Welche „Naturrechte" sind in vielen Verfassungen der Welt niedergelegt?
9. Welche Bedeutung hat die „Virginia Bill of Rights" für die Verfassungen anderer Völker?
10. Was war das Ziel der Französischen Revolution von 1789?
11. Welche der Ideen, die die Revolution in Amerika und in Frankreich bestimmten, sind heute fast überall verwirklicht?
12. Welche Staatsformen entstanden in den Jahren der Französischen Revolution?

12. Von der Aufklärung bis zum Sturm und Drang

Erklärungen

die Botschaft (en)	hier: eine Lehre
das Dogma, die Dogmen	ein Lehrsatz der katholischen Kirche
der Drang	ein starkes Bedürfnis, etwas zu tun oder zu verwirklichen
die Einfalt	hier: die Reinheit und Unkompliziertheit des Charakters

der Geniekult	eine übermäßige Verehrung von genialen Menschen
die Rückständigkeit	ein wenig fortschrittlicher Zustand
das Sittengesetz	ein allgemeines Gesetz, wie sich die Menschen verhalten sollen
stimmen	hier: sich an einem Gesang beteiligen
zersplittern	in viele kleine Teile zerbrechen

Fragen

1. Wie war die politische Lage in Deutschland am Ende des 18. Jahrhunderts?
2. Wie lautete der Grundsatz der Aufklärung?
3. Was kann man als das Wesen des Klassizismus bezeichnen?
4. Was lehrte Gotthold Ephraim Lessing in seinem Drama „Nathan der Weise"?
5. Wodurch versuchte Johann Gottfried Herder die „Seelen der Völker" zu verstehen?
6. Was lehrte Immanuel Kant über die menschliche Vernunft?
7. Was lehrte Immanuel Kant über das Sittengesetz?
8. Wer waren die Vorbilder der Dichter des „Sturm und Drang"?
9. Welche Charakterzüge sprechen aus den Werken der Dichter des „Sturm und Drang"?
10. Welche Werke Goethes und Schillers zählt man zur Periode des Sturm und Drang?
11. Was macht in Schillers Drama „Die Räuber" den edlen Karl Moor zu einem Banditen?
12. Welche Ideen verschmelzen in den Werken der deutschen klassischen Literatur?

13. Die deutsche klassische Dichtung – Schiller und Goethe

Erklärungen

abringen, rang ab, hat abgerungen	Er hat seinem Körper seine Werke abgerungen = er hat seinen Körper mit größter Mühe dazu gebracht, der Arbeit standzuhalten
die Erfüllung	Faust strebte nach Erfüllung = er wollte seine Bestimmung als Mensch erfüllen
der Federzug (" e)	ein Strich mit einer Feder, auch eine Unterschrift
fluchbeladen	unter einem Fluch der Götter leidend
das Gebrechen (–)	hier: menschliche Schwächen und Fehler
das Menschentum	das, was den Menschen zum Menschen macht
die Quelle (n)	hier: der Ausgangspunkt
mit einem Schlag	sofort
sühnen	wiedergutmachen
streben	sich mit allen Kräften um etwas bemühen
die Trilogie (n)	eine dramatische Dichtung, die aus drei Schauspielen besteht, deren Handlungen eng verbunden sind

1. Wodurch wurde der junge Friedrich Schiller bekannt?
2. Was war es vor allem, was das Publikum an Schillers Werken begeisterte?
3. Was kann man als die Quelle von Schillers Dichtung und Schillers Tragik bezeichnen?
4. Was bezeugen Schillers Dramen „Don Carlos" und „Wilhelm Tell"?
5. Was gestaltete Schiller in der Trilogie „Wallenstein"?
6. Welche Bedeutung hatte Schiller für das geistige Leben des 19. Jahrhunderts?
7. Durch welche Werke wurde Goethe schon in seiner Jugend berühmt?
8. Was bedeutete für Goethe seine Reise nach Italien?
9. Wovon handelt Goethes „Faust"?
10. Warum verliert Faust trotz seiner Irrtümer und seiner Schuld den Weg zu Gott nicht?
11. In welchem Werk finden die Ideen der Klassik einen besonders klaren Ausdruck?
12. In welchem Satz Goethes könnte man das Humanitätsideal der deutschen Klassik zusammenfassen?

14. Die Romantik

Erklärungen

angemessen	die Lyrik war ihre angemessene Ausdrucksweise = sie entsprach ihrem Charakter
anheben, hob an, hat angehoben	hier: beginnen
die Anschauung	die Vorstellung, die Idee
aufsteigen, stieg auf, ist aufgestiegen	aus der Tiefe erscheinen
fort und fort	ohne Ende
gefangenhalten, hielt gefangen, hat gefangengehalten	...die den Sinn gefangenhält = die bewirkt, daß man nichts anderes empfinden oder fühlen kann
die Stimmung (en)	ein Zustand des Gemütes, der gewöhnlich durch äußere Eindrücke bedingt ist. Man spricht von guter, schlechter, froher Stimmung; von Abendstimmung usw.
triffst du nur...	findest du nur...
umschlagen, schlug um, hat umgeschlagen	sich plötzlich in das Gegenteil verwandeln
sich orientieren	sich nach etwas richten, als Beispiel nehmen

Fragen

1. An welchen Idealen orientierte sich die klassische Dichtung und Kunst?
2. Was „entdeckten" die romantischen Dichter und Künstler?
3. Worin sahen die Romantiker das Wesen eines Kunstwerkes?
4. Was war die Ausdrucksweise, die dem Wesen der Romantik besonders entsprach?

5. Welche sind die bedeutendsten romantischen Dichter?
6. Welche Liedersammlungen haben Herder und die Romantiker herausgegeben?
7. Was bedeuteten diese Liedersammlungen für die Lyrik der späteren Romantiker?
8. Woran erkennt man, daß einige romantische Dichter besonders populär wurden?
9. Wodurch sind die Gebrüder Grimm in aller Welt bekannt?
10. Welche Bedeutung haben Jakob und Wilhelm Grimm für die deutsche Sprachwissenschaft?
11. Wie ist es zu verstehen, daß die Romantiker besonders viele Werke der Literaturen anderer Völker übersetzten?
12. Welche zwei Dichter der Zeit der Klassik und Romantik werden erst in unserem Jahrhundert besonders geschätzt?

15. Die deutsche klassische und romantische Musik

Erklärungen

der Choral (″e)	ein Kirchengesang
gezeichnet	sein Leben war von Krankheit gezeichnet = es war erfüllt von Krankheit
misanthropisch	menschenfeindlich
das Oratorium, die Oratorien	ein großes Musikwerk mit Chor und Orchester meist biblischen Inhalts
die Polyphonie	die Vielstimmigkeit
störrisch	hier: besonders unfreundlich
überschatten	wie ein Schatten über etwas liegen
unverrückt	feststehend
der Weiser (–)	ein Wegweiser, eine Tafel, die den Weg zeigt
wie hart wurde ich zurückgestoßen . . .	Beethoven meint hier: Wie schwer war es für mich zu erkennen, daß die Gesellschaft froher Menschen für mich verschlossen bleibt

Fragen

1. Welche Stadt war das Zentrum der deutschen klassischen Musik?
2. Welche bedeutenden Elemente der alten Musik hat Bach in seinem Werk verschmolzen?
3. Welchen Komponisten verdankt die deutsche klassische Musik besonders viel?
4. Welche Formen der klassischen Musik hat Joseph Haydn geprägt?
5. Warum darf man sagen, daß Haydns und Mozarts Musik verwandt sind?
6. Warum ist es erstaunlich, daß Mozarts „Zauberflöte" ein sehr „heiteres" Werk ist?
7. Welches Unglück traf Ludwig van Beethoven?
8. Warum ist es erstaunlich, daß Beethovens IX. Symphonie mit Schillers Hymnus „An die Freude" endet?

9, Wodurch sind Franz Schubert und Robert Schumann besonders bekannt?
10. Was sind die wichtigsten Themen der Opern Richard Wagners?
11. Mit welchen Komponisten endete die späte Romantik?
12. Welche Bedeutung hatte die deutsche klassische und romantische Musik für die Musikkultur anderer Völker?

16. Der Weg zur nationalen Einigung Deutschlands unter Bismarck

Erklärungen

entzünden	zu einem Feuer machen
die Fremdherrschaft	die Herrschaft einer fremden Macht
das Gebot der Stunde	etwas, was zu dieser Zeit dringend notwendig ist
die Reaktion	hier: das Bestreben, frühere Zustände wiederherzustellen
die Restauration	die Wiederherstellung früherer Zustände
das Schlagwort (″er)	ein kurzer Ausdruck, der sehr vereinfachend eine Idee oder ein Programm wiedergibt
das Vakuum	ein völlig leerer Raum
die Verfassung (en)	die Grundsätze, in denen die Form eines Staates und die Rechte und Pflichten seiner Bürger festgelegt sind

Fragen

1. Wer herrschte in Deutschland am Anfang des 19. Jahrhunderts?
2. Welche Bedeutung hatte die Romantik für die deutsche politische Geschichte des 19. Jahrhunderts?
3. Was entzündete auch in Mitteleuropa das Streben nach Freiheit, nach liberalen Staaten mit Parlamenten und Verfassungen?
4. Was war im großen gesehen der Inhalt der politischen Geschichte Europas im 19. Jahrhundert?
5. Was war das wichtigste Ergebnis des Wiener Kongresses?
6. Was ließ die Revolution von 1848 erkennen?
7. Welche Rolle spielte Otto von Bismarck in der deutschen Geschichte?
8. Wie kann man Bismarck als Staatsmann charakterisieren?
9. Warum wollte Bismarck Österreich aus dem neuen Reich ausschließen?
10. Warum widersetzten sich Österreich und Frankreich einer Einigung Deutschlands unter Preußens Führung?
11. Warum entsprach das neue deutsche Reich nicht den großen Idealen der Einheit und Freiheit?
12. Welche Staaten bestehen heute auf dem Gebiet des Bismarckschen Reiches?

17. Vom Ideal zur Wirklichkeit – Aus dem geistigen Leben des neunzehnten Jahrhunderts

Erklärungen

in dialektischen Schritten	Nach Hegel folgt auf zwei geschichtliche Epochen von gegensätzlichem Charakter („These" und „Antithese") eine Epoche, in der die Gegensätze in einer „Synthese" vereint sind
am Draht gezogen	wie eine Marionette bewegt
die Gegebenheit (en)	die Realität
mit packender Intensität	mit sehr starker Intensität
das Schlüsselwort (″er)	hier: ein Wort, welches das Wesen dieser Epoche andeutet
überschatten	wie ein Schatten auf etwas liegen
überstrahlen	heller leuchten als alles andere
verblassen	schwächer werden, an Bedeutung verlieren
der Weltschmerz	eine tiefe Melancholie wegen der Unvollkommenheit der Welt

Fragen

1. Was lehrte Friedrich Hegel über die Entwicklung des Menschengeschlechtes?
2. Wie bezeichnet man die Lehre von der Herrschaft der Vernunft und ihrer Entfaltung in der Geschichte?
3. Was lehrte Arthur Schopenhauer über den Willen zum Leben?
4. Welche veränderte Haltung zeigt ein Vergleich der Werke Schillers und Grillparzers?
5. Warum forderte man im 19. Jahrhundert eine naturgetreuere Beschreibung der Wirklichkeit?
6. Was schrieb der Dramatiker Georg Büchner über den Menschen und die Welt?
7. Warum kann man sagen, daß im Laufe des 19. Jahrhunderts die Philosophie Hegels fragwürdig wurde?
8. Welche Konflikte behandeln die Tragödien Friedrich Hebbels?
9. Was ist das wichtigste Ausdrucksmittel des Realismus im 19. Jahrhundert?
10. Wer sind die bedeutendsten ausländischen und deutschen Prosaschriftsteller des 19. Jahrhunderts?
11. Was kann man als das Schlüsselwort der Literatur des 19. Jahrhunderts bezeichnen?
12. Warum scheint Stifters Roman „Nachtsommer" im Widerspruch zu seiner Zeit zu stehen?

18. Die industrielle Revolution

Erklärungen

der Begründer (–)	eine Person, die den Grund zu etwas legt, besonders zu einer Wissenschaft oder zu einem Industriezweig
der Bevölkerungsdruck	eine schwierige Situation, welche durch die Vermehrung der Bevölkerung entstanden ist
die Düngung	das Fruchtbarmachen des Bodens durch mineralische oder organische Stoffe
fortreißen, riß fort, hat fortgerissen	mit großer Geschwindigkeit fortbewegen
der Konzern (e)	eine Gruppe von Firmen, die organisatorisch eng verbunden sind

Fragen

1. Auf welchem Gebiet kündigte sich die geschichtliche Wende im 19. Jahrhundert besonders deutlich an?
2. Welche Erfindungen kann man als die Voraussetzungen der industriellen Revolution bezeichnen?
3. Welche Bedeutung hat Werner Siemens für die Elektrotechnik?
4. Warum kann man die Schaffung einer Chemie der Landwirtschaft als eine geschichtliche Tat bezeichnen?
5. Welche deutschen Firmen, die im 19. Jahrhundert entstanden sind, haben bis heute weltweite Bedeutung?
6. Wodurch erstarkte um die Mitte des 19. Jahrhunderts auch die deutsche Eisenindustrie?
7. Wodurch sind Nikolaus Otto, Gottlieb Daimler und Carl Benz bekannt?
8. Für welche Maschinen und Fahrzeuge eignen sich Dieselmotoren besonders gut?
9. Wer waren die Begründer der deutschen optischen Industrie?
10. Warum ist die Entdeckung Wilhelm Conrad Röntgens für die Medizin besonders wichtig?
11. Warum entstanden gerade in Schlesien, in Sachsen und an der Ruhr große Industriegebiete?
12. Welche Folgen hatte die industrielle Revolution für Deutschland?

19. Die sozialen Probleme – Karl Marx

Erklärungen

sich abspalten	sich von einer größeren Einheit trennen
das Bewußtsein	hier: die Idee einer Zeit
die Bourgeoisie	das Bürgertum (in verächtlichem Sinne)
die feudale Gesellschafts-ordnung	eine Gesellschaftsordnung, in der der Adel herrscht
der Konkurrenzkampf	ein Kampf, dessen Ursache wirtschaftliche Rivalität ist
niedergelegt	hier: aufgeschrieben

Fragen

1. Welche Folgen hatte die Industrialisierung für die Arbeiter?
2. Was schrieb Friedrich Engels über die arbeitenden Klassen in England?
3. Welche Bedeutung hatte Karl Marx für die proletarische Bewegung?
4. Was hatte die Philosophie des Idealismus über den menschlichen Geist und die materielle Welt gelehrt?
5. Was lehrte Karl Marx über das Verhältnis von Bewußtsein und materieller Welt?
6. Was sagte Karl Marx über die geschichtliche Funktion des Bürgertums?
7. Was lehrte Marx über die Zukunft des Proletariats?
8. Was ist nach Marx die Aufgabe der aktivsten Mitglieder der Arbeiterklasse?
9. Wozu ruft das Kommunistische Manifest die Proletarier auf?
10. Welche Wirkung hatte die marxistische Lehre?
11. Warum kann man die heutige Sozialdemokratische Partei Deutschlands nicht mehr als marxistische Partei bezeichnen?
12. Warum ist der Marxismus für die deutsche Geschichte nach dem Zweiten Weltkrieg von größter Bedeutung?

20. Materialismus und Naturalismus – Aus dem geistigen Leben vor der Jahrhundertwende

Erklärungen

allerhand	verschieden
der Aufschwung	ein schneller Aufstieg
entlarven	den wahren Charakter einer Person, das wahre Wesen einer Sache aufdecken (Larve = Maske)
die Fassade (n)	die Vorderseite eines Gebäudes, hier: die sichtbare Oberfläche, unter der eine andere Wirklichkeit verborgen liegt

der Nihilismus	die Auffassung, daß das Leben sinnlos ist, daß es keine positiven Werte gibt
die Zeitenwende	das Ende einer alten und der Beginn einer neuen Epoche

Fragen

1. Welche Stellung begann gegen Ende des 19. Jahrhunderts die Wissenschaft im menschlichen Denken einzunehmen?
2. Was lehrte der englische Naturforscher Charles Darwin über die Entwicklung der Lebewesen?
3. Was glaubte man aus der Lehre Darwins schließen zu können?
4. Wie beurteilt Karl Marx die Religion?
5. Welche Folgen hatten die Reichsgründung und der Sieg über Frankreich für die deutsche Wirtschaft?
6. Welche Wirklichkeit beschreibt die Literatur des Naturalismus?
7. Welche großen ausländischen Dichter waren die Vorbilder der Schriftsteller des Naturalismus?
8. In welcher Hinsicht ist Gerhart Hauptmanns Schauspiel „Die Weber" völlig verschieden von einem Drama Schillers oder Goethes?
9. Was sind nach Freud die Grundkräfte, die alles menschliche Denken und Handeln bestimmen?
10. Welche Folgen hatten die Lehren Darwins, Marx', Feuerbachs und Freuds für das Menschenbild des Christentums und des Humanismus?
11. Wie beurteilte der Philosoph Friedrich Nietzsche die geistige Situation seiner Zeit?
12. Was kennzeichnet den Beginn einer neuen Zeitwende gegen Ende des 19. Jahrhunderts?

21. Krise und Zeitenwende

Erklärungen

die Ahnung (en)	hier: ein unbestimmtes Gefühl, daß etwas kommen wird
auftreten, tritt auf, ist aufgetreten	erscheinen
ekstatisch	mit großer Leidenschaft
das Fehlläuten	das falsche Signal einer Glocke
leistet die neue Schöpfung	baut eine neue Welt
die Quantentheorie	eine Theorie, nach der die Energie aus kleinen, nicht teilbaren Einheiten besteht
die tiefsten Schichten	hier: das Innerste, der Kern
die Relativitätstheorie	eine Theorie, nach der Raum, Zeit und Masse relative Größen sind, die sich mit der Bewegung des Beobachters ändern, und nach der das Universum endlich aber unbegrenzt ist

die Sinnesempfindung(en)	was wir mit unseren Sinnen empfinden oder erfahren
sich umhertreiben, trieb sich umher, hat sich umhergetrieben	ohne Ruhe und Ziel umherwandern
visionär	etwas sonst Unsichtbares oder Zukünftiges sehend
der Widerstreit	der Gegensatz

Fragen

1. Was bedeuten die Quantentheorie und die Relativitätstheorie in der Geschichte der modernen Naturwissenschaft?
2. Welche Vorstellungen und Grundsätze wurden durch die Quantentheorie und die Relativitätstheorie erschüttert?
3. Wie beurteilte W. Heisenberg die Erkenntnisfähigkeit des Menschen?
4. Welche Dichter bestimmten die Lyrik um die Jahrhundertwende?
5. Was sind die wichtigsten Themen der Dichtungen Rainer Maria Rilkes?
6. Wovon handelt Thomas Manns Roman „Die Buddenbrooks"?
7. Welcher Gegensatz bestimmt den Roman Thomas Manns „Die Buddenbrooks" und die Erzählung „Tonio Kröger"?
8. Was sind die bedeutendsten Künstler und Dichter des Expressionismus?
9. Was kann man als das Wesen des Expressionismus bezeichnen?
10. Welche Musik läßt sich mit der abstrakten Malerei vergleichen?
11. Was bedeutet der Beginn der abstrakten Malerei und der Zwölftonmusik in der Geschichte der abendländischen Kunst und Musik?
12. Welche Not der Generation der Weltkriege scheint sich in den Dichtungen Franz Kafkas auszudrücken?

22. Der Weg in die erste Katastrophe

Erklärungen

ahnen	ein undeutliches Wissen von etwas Kommendem haben
der Alptraum (″ e)	ein sehr schwerer Traum
eingekreist	auf allen Seiten von Feinden umgeben
der Krisenherd (e)	ein Ort, an dem leicht eine Krise ausbrechen kann
mißtrauenerregend	etwas, was Mißtrauen erzeugt
die Mittelmächte	Österreich und Deutschland
ihr Schicksal war besiegelt	ihre Niederlage war ganz sicher
der Vorbote (n)	eine Person, die zu erkennen gibt, daß etwas Besonderes geschehen wird; ein Ereignis dieser Art

1. Warum waren am Ende des 19. Jahrhunderts die europäischen Völker mächtiger als alle nichteuropäischen Völker?
2. Warum verlangten die europäischen Völker nach neuem „Lebensraum"?
3. Welche Folgen hatte die Überlegenheit der europäischen Völker für weite Teile Afrikas und Asiens?
4. Welche Folgen hatte der Wettlauf nach Kolonien für die Beziehungen der europäischen Völker untereinander?
5. Wie waren die Beziehungen des deutschen Reiches zu Frankreich?
6. Warum vermehrten sich nach 1890 die Gefahren für Deutschland?
7. Warum war der Balkan ein gefährlicher Krisenherd?
8. Warum brach im Sommer 1914 zwischen Österreich und Serbien der Krieg aus?
9. Wer unterstützte Serbien im Krieg gegen Österreich?
10. Warum traten schließlich auch die Westmächte in den Krieg ein?
11. Was sagte der englische Außenminister Grey über die Zukunft Europas?
12. Wie endete der Erste Weltkrieg?

23. Die Weimarer Republik

Erklärungen

ein Gebiet abtreten, abtreten, trat ab, hat abgetreten	es jemand anderem geben
anerkennen, erkannte an, hat anerkannt	sie mußten die Kriegsschuld anerkennen = sie mußten erklären, daß sie am Krieg schuldig sind
das Bürgertum	der Stand der Unternehmer, Kaufleute, Handwerker und Beamten
die Entwertung (en)	der Verlust des Wertes
gequält	starke Schmerzen leidend
der Reichskanzler (–)	der Leiter der Reichsregierung
die Reparationssumme (n)	das Geld, das der besiegte Staat an den Sieger zahlen muß
der Sturz (″ e)	hier: die gewaltsame Beseitigung einer Regierung
der Völkerbund	die 1919 nach dem Plan des amerikanischen Präsidenten Wilson gegründete Vereinigung vieler Völker der Welt zum Schutz des Friedens

Fragen

1. Was waren die wichtigsten sozialen Folgen des Ersten Weltkriegs?
2. Warum entsprach das Ideal der individuellen Freiheit in Wirtschaft und Politik der neuen Zeit nicht mehr?
3. Welche Staatsformen bestimmen bis heute das politische Leben?

4. Welche Epoche ging mit dem Ersten Weltkrieg zu Ende?
5. Was bedeutete das Ende des Ersten Weltkriegs für die deutsche, österreichische und russische Monarchie?
6. Wie nennt man in der deutschen Geschichte die Zeit von 1918 bis 1933?
7. Warum waren die Schwierigkeiten der jungen Republik besonders groß?
8. Was waren die wichtigsten Bestimmungen des Friedens von Versailles?
9. Was waren die Folgen des Vertrages von Versailles?
10. Wie beurteilte der spätere Präsident der Bundesrepublik, Theodor Heuss, den Vertrag von Versailles?
11. Welche Folgen hatte die Weltwirtschaftskrise von 1929 für Deutschland?
12. Was bedeutet der 31. Januar 1933 für die deutsche Geschichte?

24. Das kulturelle Leben in der Zeit zwischen den Weltkriegen

Erklärungen

die Bühnenkunst	die Schauspielkunst
das epische Theater	ein Theater mit Merkmalen der Epik, z. B. mit Berichten, Chören, Lesetexten, Kommentaren, erklärenden Bildern, die den Zweck haben, den Zuschauern das Geschehen zu erklären
die Fragwürdigkeit	die Unsicherheit, Zweifelhaftigkeit
die Spaltung	die Teilung
das Unbestreitbare	etwas, was ganz sicher ist
unheimlich	geheimnisvoll, Angst erregend
die Welterfahrung	die Art, wie man die Welt erfährt
zuneigen	sich dem Ende zuneigen = langsam zu Ende gehen

Fragen

1. Welchen Forschern verdankte Deutschland seine führende Stellung in der Naturwissenschaft zwischen den Weltkriegen?
2. Welche Bedeutung hat die Spaltung des Uranatoms für die Geschichte der Menschheit?
3. Welche Musiker und Maler prägten die Formen moderner Musik und Kunst?
4. Welche Bedeutung hat das Bauhaus für die moderne Architektur?
5. Welches Bewußtsein drückt sich in den bedeutenden Werken der Kunst und Literatur zwischen den Weltkriegen aus?
6. Wie beurteilte der Philosoph Karl Jaspers die geistige Situation der Zeit?
7. Was ist nach Albert Schweitzer das Fundament der Sittlichkeit?
8. Welche Werke der Literatur und Kunst bezeugen eine ähnliche Welterfahrung wie die Existenzphilosophie?
9. Wie urteilt Bertold Brecht in der „Dreigroschenoper" über das Leben und den Menschen?

10. Wodurch erhoffte sich Bert Brecht eine Änderung der Verhältnisse?
11. Was ist nach Brecht die Aufgabe des „epischen Theaters"?
12. Wie beurteilte der Philosoph Oswald Spengler die Zukunft der abendländischen Kultur?

25. Die Diktatur Hitlers und die Katastrophe des Zweiten Weltkrieges

Erklärungen

abtreten, trat ab, hat abgetreten	einem anderen überlassen
altvertraut	von früher her gut bekannt
annektieren	an ein Staatsgebiet anschließen
besiegeln	unvermeidlich machen
die Brandstiftung (en)	das absichtliche Verursachen eines Brandes
minderwertig	von geringem Wert
der Reichstag	das Parlament des Deutschen Reiches und der Weimarer Republik in Berlin
Stalingrad	heute Wolgagrad, eine Stadt in der GUS
überrennen, überrannte, hat überrannt	in kürzester Zeit erobern
die Umwälzung (en)	eine tiefgreifende Änderung
die Wehrmacht	das deutsche Heer im Zweiten Weltkrieg

Fragen

1. Warum war für Hitler der Brand des Reichstages ein willkommenes Ereignis?
2. Welche Bedeutung hatte das „Ermächtigungsgesetz" für Hitler?
3. Was waren die Ziele der Nationalsozialisten?
4. Was lehrten die Nationalsozialisten über die germanische Rasse?
5. Warum ist es berechtigt zu sagen, daß für eineinhalb Jahrzehnte die deutsche Kultur im Exil lebte?
6. Welches Geschehen verbindet sich mit den Namen Auschwitz und Buchenwald?
7. Was waren die ersten Opfer der Aggression Hitlers?
8. Welches Ereignis bedeutete den Beginn des Zweiten Weltkrieges?
9. Warum war jede Hoffnung Hitlers auf einen Sieg eine Illusion?
10. Wie endete der Zweite Weltkrieg?
11. Welche Staaten bestimmten die Internationale Politik seit dem Beginn der Neuzeit?
12. Welche Mächte haben die Führungsrolle nach dem Zweiten Weltkrieg übernommen?

26. Deutschland am Nullpunkt – Die Spaltung Europas

Erklärungen

ausweisen, wies aus	
hat ausgewiesen	befehlen, das Land zu verlassen
der Anstoß (″e)	der erste Impuls, die erste Voraussetzung
die Blockade (n)	die völlige Absperrung eines Gebietes durch militärische Maßnahmen
die Eindämmung	der Schutz, die Abwehr
die Entkräftung	der Mangel an körperlicher Kraft, die Schwäche
sich erweisen, erwies sich, hat sich erwiesen	sie erwiesen sich als Illusionen = es wurde klar, daß es Illusionen waren
der Kontrollrat	das Organ der obersten gemeinsamen Verwaltung der Siegermächte
die Vertreibung	die gewaltsame Ausweisung der Bevölkerung aus ihrer Heimat
die Währungsreform	die Reform des Geldwesens zur Beendigung der Kriegsinflation

Fragen

1. Warum galt das Jahr 1945 für viele als das Ende der Geschichte Deutschlands?
2. Zu welchem Zweck trafen sich 1945 die Staatsmänner der Siegermächte in Potsdam?
3. Wie wurde Deutschland nach dem Krieg eingeteilt?
4. Welche Annexionen forderte Stalin für Polen und Rußland?
5. Was geschah mit der deutschen Bevölkerung, die in den Ostgebieten, in der Tschechoslowakei und auf dem Balkan lebte?
6. Warum scheiterte eine gemeinsame Verwaltung der Siegermächte durch den Kontrollrat?
7. Warum ist es berechtigt zu sagen, daß Bismarcks Werk zerstört wurde?
8. Was erhoffte sich der amerikanische Außenminister Marshall von seinem Hilfsprogramm für die europäischen Staaten?
9. Welche Bedeutung hatte die Währungsreform für die westdeutsche Wirtschaft?
10. Welche Ereignisse führten zur Blockade Berlins?
11. Wie wurde Berlin während der Blockade versorgt?
12. Warum war die Welt nach Aufhebung der Blockade erleichtert?

27. Die deutsche Literatur der Kriegsgeneration

Erklärungen

sich abzeichnen	erkennbar werden
befruchten	hier: wertvolle Anregungen geben
der Holocaust	hier: der Massenmord an den Juden während der Hitlerzeit
das Hörspiel (e)	ein für den Rundfunk geschriebenes Drama
der Impuls (e)	der Anstoß, die Anregung
das KZ (s)	das Konzentrationslager
der Regisseur (e)	jemand, der die Herstellung eines Films leitet
zeitkritisch	die Schwächen und Fehler seiner Zeit kritisierend
zuwenden, wandte zu, hat zugewandt	den Blick auf etwas richten

Fragen

1. Wovon handelt Wolfgang Borcherts Hörspiel „Draußen vor der Tür?"
2. Warum wohl fragt der heimkehrende Soldat nach Gott?
3. Was meint der General in Zuckmayers Drama, wenn er sagt, er habe den ‚Teufel' gesehen?
4. Warum bezeichnet man viele literarische Werke der ersten Jahre nach dem Krieg als ‚Trümmerliteratur'?
5. Warum wurden manche Bücher Hermann Hesses und Thomas Manns erst jetzt in Deutschland bekannt?
6. Was möchte Bert Brecht durch die Dramatisierung geschichtlicher Stoffe erreichen?
7. Welche Autoren bewahrten auch im Krieg die christliche und die humanistische Tradition?
8. Welche ausländischen Autoren wurden damals in Deutschland häufig gelesen?
9. Warum waren die Jahre nach 1945 eine Zeit des Lernens auf dem Gebiet der Literatur?
10. Warum kann man sagen, daß die Schweiz nach dem Krieg zu einem Zentrum der Literatur wurde?
11. Wovon handelt Max Frischs Stück „Biedermann und die Brandstifter"?
12. Warum wurden nach dem Krieg viele Hoffnungen der Deutschen enttäuscht?

28. Die staatliche Ordnung der Bundesrepublik

Erklärungen

der Abgeordnete (n)	ein Mitglied eines Parlaments
der Bundestag	das Parlament der Bundesrepublik Deutschland
Esprit des Lois	deutsch: Der Geist der Gesetze
der föderalistische Bund	ein Bund von Ländern oder Staaten, welche eigene Hoheitsrechte haben
die Gewaltenteilung	die Verteilung der staatlichen Macht auf verschiedene Institutionen
hervorgehen, ging hervor, ist hervorgegangen	sie ging als stärkste Partei aus den Wahlen hervor = die Wahlen machten sie zur stärksten Partei
repräsentative Aufgaben	Aufgaben eines Vertreters
Schranken setzen	begrenzen, beschränken
die Selbstbestimmung	die freie Entscheidung eines Volkes über seine Regierung und seine Staatsform

Fragen

1. Was sagt das „Grundgesetz der Bundesrepublik Deutschland" über die Staatsgewalt und über die Einheit und Freiheit Deutschlands?
2. Welche Regierungsform soll durch die Verfassung der Bundesrepublik verhindert werden?
3. Wie unterscheidet sich die Stellung der Länder im Reich Hitlers und in der Bundesrepublik?
4. Inwiefern hatte Westberlin bis zur Wiedervereinigung eine Sonderstellung?
5. Welche Stellung hatte der Reichstag im Dritten Reich?
6. Welche Aufgaben hat der Bundestag?
7. Welche Parteien bestimmen bis heute die Arbeit im Bundestag?
8. Was ist die Aufgabe des Bundeskanzlers?
9. Welche Bedeutung hatte Bundeskanzler Konrad Adenauer für die deutsche Nachkriegsgeschichte?
10. Was sind die Aufgaben des Bundespräsidenten?
11. Welche Aufgaben hat das Bundesverfassungsgericht?
12. Was ist der Sinn der Teilung der Staatsgewalt auf verschiedene Institutionen?

29. Die staatliche Ordnung der Deutschen Demokratischen Republik

Erklärungen

der Anspruch (" e)	die Forderung, das Recht
brechen, brach, gebrochen	mit dieser Ordnung wurde gebrochen = diese Ordnung wurde beseitigt
konkurrierend	miteinander in Wettstreit stehend
die Kreiseinteilung	die Einteilung des Staatsgebietes in kleinere Verwaltungseinheiten, die „Kreise"
umbilden	eine andere Form geben
die Verstaatlichung	die Überführung in das Eigentum des Staates

Fragen

1. Welcher Staat entstand im Jahre 1949 aus der sowjetisch besetzten Zone?
2. Was war nach der Verfassung der DDR die wichtigste Aufgabe dieses Staates?
3. Wie entstand die Sozialistische Einheitspartei Deutschlands?
4. Welche Bedeutung hatte Walter Ulbricht in der Geschichte der DDR?
5. Was war das Hauptziel der SED auf wirtschaftlichem Gebiet?
6. Was entstand aus den früheren Unternehmen und Bauerngütern?
7. Was war nach der Verfassung der DDR die Aufgabe der Volkskammer?
8. Auf welche Weise wurden die Mitglieder der Volkskammer gewählt?
9. Welche Bedeutung hatte der Staatsrat während der Regierung Walter Ulbrichts?
10. Was konnte man als die unveränderliche Grundlage der staatlichen Ordnung in der DDR bezeichnen?
11. Was sagte Ulbricht über die Ordnung der geteilten Gewalten?
12. Was forderte Lenin von der Regierung eines kommunistischen Staates?

30. Deutschland – zerrissen durch die Machtblöcke

Erklärungen

anschwellen, schwoll an, ist angeschwollen	größer werden
die Arbeitsnorm (en)	die von der Regierung festgesetzte Arbeitsleistung
erheben, erhob, hat erhoben	es erhob den Anspruch = es behauptete, bestand darauf
der Grundstein (e)	hier: eine feste Basis
der Lebensstandard	die Höhe der Ausgaben für das tägliche Leben
das Monopolkapital	die in einer privaten Hand vereinigte finanzielle Macht eines Wirtschaftszweiges
die Montanunion	der Zusammenschluß der westeuropäischen Kohle- und Stahlindustrie

1. Welche Folgen hatte der Ost-West-Konflikt für beide Teile Deutschlands?
2. Warum kamen viele Flüchtlinge aus der DDR in die Bundesrepublik?
3. Was waren die Folgen wirtschaftlicher Schwierigkeiten in der DDR am 17. Juni 1953?
4. Welche Forderungen stellten die Demonstranten am 17. Juni 1953?
5. Warum sah sich am 13. August 1961 die SED gezwungen, die Grenzen um Berlin (West) zu schließen?
6. Was bedeutete die Abschließung von Berlin (West) für die Wirtschaft der DDR und für die Bevölkerung Berlins?
7. Auf welche Weise wurden die Bundesrepublik und die DDR auch wirtschaftlich in das westliche und das östliche Machtsystem eingegliedert?
8. Was bedeuteten die Pariser Verträge für die Bundesrepublik?
9. Was war die Antwort der Sowjetunion auf die Gründung der NATO?
10. Warum erschien wenige Jahre nach dem Krieg die Wiederbewaffnung Deutschlands völlig unglaublich?
11. Was forderte die Bundesrepublik als Voraussetzung einer Wiedervereinigung?
12. Worauf bestand die SED im Falle einer Wiedervereinigung?

31. Bemühungen um Entspannung und um eine friedliche Koexistenz

Erklärungen

der Delegierte (n)	ein Abgeordneter, ein Vertreter eines Staates
die Koexistenz	das friedliche Nebeneinanderbestehen von Staaten mit verschiedenen Interessen und verschiedener Ideologie
die Oder-Neiße-Linie	die heutige Grenze zwischen der DDR und Polen, die entlang der Flüsse Oder und Neiße verläuft
der „ständige Vertreter"	eine Art Botschafter
die Vereinbarung (en)	eine Regelung

Fragen

1. Was war das wichtigste Ziel der Außenpolitik Willy Brandts?
2. Was war der wichtigste Inhalt der Verträge mit Moskau und Warschau im Jahre 1970?
3. Warum begrüßte die Welt die Ostverträge?
4. Was war das wichtigste Problem, welches eine Verständigung der Bundesrepublik mit der DDR erschwerte?
5. Was ist der Inhalt der Vereinbarungen über Berlin, die 1971 getroffen wurden?
6. Warum ist der 21. Dezember 1972 in der Geschichte der beiden deutschen Staaten ein wichtiger Tag?
7. Was ist im Grundvertrag über das gegenseitige Verhältnis der deutschen Staaten ausgesagt?
8. Welche Folgen hatte der Grundvertrag für das Verhältnis anderer westlicher Staaten zur DDR?

9. Welche Gegenleistung erbrachte die DDR im Grundvertrag?
10. Welche Vorstellung hatte Willy Brandt von der deutschen Nation?
11. Was war dagegen die Ansicht der SED?
12. Was war das Ziel der Politik der „Abgrenzung"?

32. Wirtschaft und Gesellschaft in der ehemaligen Bundesrepublik

Erklärungen

die Apartheid	die Rassentrennung
der Aufschwung	ein schneller Aufstieg
der Gastarbeiter (–)	ein ausländischer Arbeiter; die meisten Gastarbeiter kamen aus südeuropäischen Ländern und aus der Türkei
die Europäische Gemeinschaft (die EG)	eine überstaatliche Gemeinschaft mit dem Ziel der wirtschaftlichen und politischen Vereinigung Europas
die Krisenregion (en)	ein Gebiet, in dem Krisen herrschen
die Montan-Union	europäische Gemeinschaft zur Errichtung eines gemeinsamen Marktes für Kohle und Stahl
die Reportage (n)	der Bericht eines Reporters oder Schriftstellers
die Rezession (en)	ein Rückgang der Produktion
der Übersiedler (–)	eine Person deutscher Abstammung, die aus einem osteuropäischen Land in die Bundesrepublik übersiedelt
einer Kritik unterziehen, unterzog, hat unterzogen (Dat.)	Kritik üben, kritisieren
die Währungsreform	die Reform des Geldwesens zur Beendigung der Kriegsinflation

Fragen

1. Warum hat sich nach dem Krieg die Wirtschaft Mitteleuropas tiefgreifend verändert?
2. Warum ist die Bundesrepublik besonders dicht bevölkert?
3. Warum ist der Export von Industriegütern für die Bundesrepublik besonders wichtig?
4. Welche Bedeutung hatte die Währungsreform für die westdeutsche Wirtschaft?
5. Was ist das Wesen der „Sozialen Marktwirtschaft"?
6. Wie hat sich der Export der Bundesrepublik von 1950 bis 1990 entwickelt?
7. Was sind die wichtigsten Ausfuhrprodukte der Bundesrepublik?
8. Warum kamen viele Ausländer und Übersiedler in die Bundesrepublik?
9. Welche Probleme beschreibt Günter Wallraff in seinem Buch „ganz unten"?
10. Warum war 1974 ein schwieriges Jahr für die Wirtschaft der Bundesrepublik?
11. Was waren die Ziele der Montan-Union und der Europäischen Wirtschaftsgemeinschaft?
12. Warum ist der 31. Dezember 1992 ein wichtiger Tag für die politische und wirtschaftliche Zukunft Europas?

33. Wirtschaft und Gesellschaft in der ehemaligen DDR und in den neuen Bundesländern

Erklärungen

die Bürokratie	die Gesamtheit der Beamten eines Staates
das Eisenhüttenkombinat (e)	eine Gruppe von Werken, in denen aus Eisenerz Eisen gewonnen wird
das Kali	Kaliumsalze, z. B. KCl
das Lebensniveau	der Lebensstandard
der Lebensstandard	die Höhe des privaten und öffentlichen Verbrauchs bei einer Gruppe von Menschen
die Reparation (en)	das Geld oder die Güter, welche nach einem Krieg der Besiegte dem Sieger geben muß
der Staatssicherheitsdienst	die geheime Staatspolizei der DDR, die die Bürger überwachte
das Fernsprechnetz (e)	das System der Telefonverbindungen eines Gebietes

Fragen

1. Warum war die DDR wirtschaftlich anfangs in einer sehr ungünstigen Lage?
2. Warum mußte die DDR zuerst eine eigene Schwerindustrie aufbauen?
3. Was war in der DDR der Maßstab des wirtschaftlichen Erfolgs?
4. Was war das Ziel Walter Ulbrichts auf dem Gebiet der Wirtschaft?
5. Warum war die Produktion und der Export von Industriegütern für die DDR sehr wichtig?
6. Was waren die wichtigsten Industrien in der DDR?
7. Welche Bedeutung hatte die Wirtschaft der DDR für den Ostblock?
8. Warum arbeiteten in der DDR besonders viele Frauen?
9. Warum war es der SED nicht möglich, die Grenzen zum Westen zu öffnen?
10. Warum waren die Jahre 1989 und 1990 entscheidend für die Wirtschaft und Gesellschaft in der DDR?
11. Warum verschärfte sich die Wirtschaftskrise auf dem Gebiet der ehemaligen DDR?
12. Was ist die Meinung des Ministerpräsidenten von Brandenburg über die wirtschaftliche Entwicklung in den neuen Bundesländern?

34. Kultur und Staat im geteilten Land

Erklärungen

der föderative Charakter	„föderativ" bedeutet hier, daß die Länder in kulturellen Angelegenheiten ein hohes Maß an Selbständigkeit besitzen

konvergieren	sich nahekommen, sich angleichen
die kulturelle Schöpfung	ein Werk, das Künstler, Architekten, Musiker oder Wissenschaftler geschaffen haben
polytechnisch	mehrere Zweige der Technik umfassend
unverbrüchlich	ganz fest, treu

Fragen

1. Was sagt das Grundgesetz der Bundesrepublik über Presse, Kunst, Wissenschaft und Lehre aus?
2. Warum ist in Westdeutschland das Erziehungswesen nicht völlig einheitlich?
3. Was sind die wichtigsten Schularten des westdeutschen Schulsystems?
4. Welche Berechtigung gibt das Abitur?
5. Welches sind die bekanntesten Universitäten in der ehemaligen Bundesrepublik?
6. Was waren die Folgen der „Studentenexplosion"?
7. Wem unterstanden die kulturellen und pädagogischen Einrichtungen in der DDR?
8. Welche Fächer galten an den Schulen der DDR als besonders wichtig?
9. Was waren die Werte und Ziele der Erziehung in der DDR?
10. Welche Aufgabe hatte die „Erweiterte Oberschule"?
11. Warum gab es wenig kulturelle Kontakte zwischen der Bundesrepublik und der DDR?
12. Warum kann man sagen, daß die Entwicklung im Bereich der kulturellen Schöpfungen in beiden Teilen Deutschlands erstaunlich war?

35. Bildkunst und Baukunst im Nachkriegsdeutschland

Erklärungen

der Atompilz (e)	eine große Wolke in Form eines Pilzes nach der Explosion einer Atombombe
die architektonische Funktion	der Zweck eines Gebäudes
dekadent	ohne Kraft; eine absterbende Kultur ist dekadent
das Dogma, Dogmen	ein Lehrsatz
einbeziehen, bezog ein, hat einbezogen	einschließen, aufnehmen
es war an den Deutschen ... zu lernen	die Deutschen mußten jetzt lernen
formalistisch	in den ehemals kommunistischen Ländern die Bezeichnung für die westliche nicht-realistische und nicht-sozialistische Kunst
grellfarbig	mit sehr auffallenden, leuchtenden Farben
das Konfliktbild (er)	ein Bild, das den Konflikt des Künstlers mit der Gesellschaft ausdrückt, das die Gesellschaft kritisiert
Raum lassen	ermöglichen, nicht verhindern

der Rechtkant (e)	eine geometrische Figur, die nur rechte Winkel hat; ein Schrank hat die Form eines Rechtkants
rigoros	konsequent, streng
die Skulptur (en)	eine Plastik
subjektiv	das eigene Erleben des Künstlers ausdrückend
die Thematik	die Themen einer Kunstrichtung
der Wohnblock (″e)	ein Wohnhaus in Form eines Blocks mit vielen Wohnungen

Fragen

1. Welche deutschen Architekten und Künstler übten während der Kriegszeit im Ausland einen großen Einfluß aus?
2. Welche bekannten nichtdeutschen Künstler und Architekten beeinflußten wiederum die deutsche Bild- und Baukunst?
3. Welche Bedeutung haben Wols, Hartung und Baumeister in der deutschen Kunstgeschichte?
4. Was war nach Walter Ulbricht die Aufgabe des sozialistischen Realismus?
5. Warum kann man sagen, daß sich in den sechziger Jahren die Kunst in der DDR wandelte?
6. Warum kann man sagen, daß zur gleichen Zeit auch in der Bundesrepublik ein Wandel begann?
7. Was zeigt heute die Documenta in Kassel?
8. Was war das architektonische Programm von Gropius, Mies van der Rohe und Le Corbusier?
9. Welche Beispiele der „klassischen modernen Architektur" sind genannt?
10. Warum ist es nicht erstaunlich, daß in den sechziger Jahren auch in der Baukunst ein Wandel begann?
11. Warum kann man sagen, daß die Berliner Philharmonie und die Olympia-Sportanlagen in München nicht mehr völlig dem Programm der klassischen modernen Architektur entsprechen?
12. Was sind die Merkmale der postmodernen Architektur?

36. Die Musik im Nachkriegsdeutschland

Erklärungen

die Avantgarde	die Vorkämpfer einer Idee, einer künstlerischen Richtung
der Sirius	ein helleuchtender Fixstern
der Stalinkult	die übertriebene Verehrung Stalins
der Vertoner (–)	ein Musiker, der zu einem Text die Musik schreibt

1. Welche Musiker gehören zur ersten Generation der modernen Musik?
2. Welche Bedeutung haben Carl Orff und Karl Amadeus Hartmann für die moderne Musik?
3. Welche Bedeutung hatten die „Ferienkurse für moderne Musik" bei Darmstadt?
4. Welche Musiker der Avantgarde in der Bundesrepublik wurden international bekannt?
5. Welche Aufgabe gibt Hans Werner Henze seiner Musik?
6. Warum galt Stockhausen als der radikalste unter den modernen Musikern?
7. Warum könnte man sagen, Stockhausens Musik ist „international"?
8. Warum war in den ersten Jahren nach dem Krieg in der DDR ein freies Experimentieren nicht möglich?
9. Wodurch sind Hans Eissler und Paul Dessau bekannt?
10. Was beobachten wir heute im musikalischen Leben? Wodurch ist es gekennzeichnet?
11. Welche Art von Musik ist bei älteren, welche bei jüngeren Hörern besonders beliebt?
12. Was möchte Hans Werner Henze mit seiner „Werkstatt" für moderne Musik erreichen?

37. Naturwissenschaft und Forschung im heutigen Deutschland

Erklärungen

der Elektronenbeschleuniger (–)	eine rohrförmige Apparatur, in der man mit Hilfe von Magneten Elektronen beschleunigt und zur Untersuchung von elementaren Teilchen verwendet
das Elementarteilchen (–)	ein kleinstes Teilchen der Materie, z. B. ein Elektron
der Fernmeldesatellit (en)	ein künstlicher Himmelskörper zur Nachrichtenübertragung
die Hemisphäre (–)	eine Himmels- oder Erdhalbkugel
der IC (s)	engl. integrated circuit, ein System von elektronischen Elementen auf einem Chip
joint	engl. vereinigt
die Kernforschung	die Untersuchung der Atomkerne
die Max-Planck-Gesellschaft	eine staatlich finanzierte Gesellschaft zur Förderung der Wissenschaft
die Raumsonde (n)	ein künstlicher Himmelskörper zur Erforschung des Weltraums
die Raumstation (en)	ein großer (bemannter) künstlicher Himmelskörper
submicron	Abmessungen betreffend, die kleiner sind als ein Tausendstel Millimeter
der Transistor (en)	ein elektronisches Element zum Ein- und Ausschalten von Strom oder zur Verstärkung von elektrischen Signalen

Fragen

1. Warum ist die Naturwissenschaft für die Menschen von großer Bedeutung?
2. Warum war die erste Hälfte des 20. Jahrhunderts für die Naturwissenschaft eine erfolgreiche Zeit?
3. Warum wohl hatte die europäische Naturwissenschaft um die Jahrhundertmitte ihre führende Stellung verloren?
4. Warum hat die europäische Naturwissenschaft heute wieder Weltgeltung erreicht?
5. Welche Organisationen sind Träger der Forschung in Deutschland?
6. Was sind die Aufgaben von DESY und CERN?
7. Was sind die Aufgaben von ESO und ESA?
8. Warum hat die Naturwissenschaft auch eine große praktische Bedeutung?
9. Warum kann heute kein Land die Probleme des Umweltschutzes, des Bedarfs an Energie und Information allein lösen?
10. Welche Aufgaben haben Wetter- und Fernmeldesatelliten?
11. Was ist die Aufgabe des Projekts JEESI?
12. Warum war Carl Bosch sehr mutig, als er 1934 sagte, es gebe keine „Deutsche Physik"?

38. Die Literatur in der Bundesrepublik

Erklärungen

das Allgäu	ein Gebiet in Süddeutschland im Vorland der Alpen
Angora-	ein Angorahase ist ein Hase, der feine, lange Haare besitzt
die Baracke (n)	ein einfacher, wenig stabiler Bau aus Holz oder Blech
das Billard	ein Spiel mit Kugeln
das Dokumentartheater	Schauspiele, die Vorgänge historisch möglichst getreu wiedergeben
das Engagement	eine innere Bindung an eine Sache oder Idee
die Ermittlung (en)	eine Untersuchung, wer die Schuld trägt
grotesk	übertrieben komisch
der Grund des Seins	die tiefsten Geheimnisse des Lebens
inständig	mit ganzem Herzen
magisch	eine Zauberkraft besitzend
die Mutmaßung (en)	eine Vermutung
der Regisseur (e)	jemand, der die Herstellung eines Films leitet
satirisch	menschliche Schwächen mit Spott und Witz darstellend
der Todgeweihte (n)	jemand, der bald sterben muß
der Wildwechsel (–)	das Ziehen der wilden Tiere von einem Ort zu einem anderen

Fragen

1. Was waren die gemeinsamen Erlebnisse und die gemeinsamen Ziele der Gruppe 47?
2. Wovon handelt Günter Eichs Hörspiel „Träume"?
3. Wovon handeln wichtige Erzählungen Heinrich Bölls?
4. Was ist das Thema des Romans „Deutschstunde" von Siegfried Lenz?
5. Welches Thema tritt in den Romanen Uwe Johnsons in den Vordergrund?
6. Warum hat sich der Physiker in Dürrenmatts Stück in ein Irrenhaus zurückgezogen?
7. Warum zählt man das Stück „Die Ermittlung" von Peter Weiss zum Dokumentartheater?
8. Was sind wichtige Themen der Dramen und Filme von Kroetz, Achternbusch und Faßbinder?
9. Welche Meinung vertritt Gottfried Benn über die Kunst?
10. Welche Art von Lyrik bezeichnet man als „Seinsdichtung"?
11. Wie änderte sich die Lyrik in der Zeit nach Benns Tod?
12. Was wollten Enzensberger und Fried mit ihren Gedichten erreichen?

39. Von der Literatur der DDR zur gesamtdeutschen Literatur

Erklärungen

sich abzeichnen	erkennbar werden
die Ausbürgerung	der Verlust der Staatsbürgerschaft
der Lebenshauch	der Atem
Lobositz	eine Stadt in Böhmen, bei der 1756 der preußische König Friedrich der Große über die Österreicher siegte
die Resignation	der Verlust der Hoffnung
die Resonanz	hier: ein Echo, eine Wirkung
die Tendenzwende	eine Änderung der Richtung
die Trilogie (n)	eine Folge von drei literarischen Werken, die zusammengehören

Fragen

1. Was forderte die SED von den Schriftstellern in der DDR?
2. Was waren die Merkmale des „sozialistischen Realismus"?
3. Inwiefern ist Strittmatters Roman „Ole Bienkopp" ein Beispiel der sozialistischen Literatur?
4. Warum wohl erregte Christa Wolfs Roman „Der geteilte Himmel" in beiden Teilen Deutschlands eine Diskussion?
5. Wovon handeln die zitierten Gedichte von Erich Arendt und Peter Huchel?
6. Warum wohl wurden die Lieder Wolf Biermanns und die Erzählungen Reiner Kunzes in der DDR nicht veröffentlicht?
7. Warum kann man sagen, daß Biermanns Ausbürgerung für die Kultur der DDR einen schmerzlichen Einschnitt bedeutete?

8. Warum war die Begegnung der Schriftsteller aus der Bundesrepublik und der DDR 1981 in Berlin für die deutsche Literatur wichtig?
9. Warum kann man sagen, daß Thomas Brasch Bert Brechts Programm widerruft?
10. Inwiefern änderte sich die Thematik der Literatur seit den siebziger Jahren?
11. Welche Schriftsteller sind Vertreter der neuen Literatur?
12. Wovon handeln die Werke von Botho Strauß und Peter Handke?

40. Von der friedlichen Revolution in der DDR zur Wiedervereinigung

Erklärungen

die Allianz für Deutschland	eine Gruppe von politischen Parteien in der ehemaligen DDR, welche die Wiedervereinigung wollten
das Fernsprechnetz (e)	das System aller Telefonverbindungen in einem Gebiet
das Gehäuse (–)	hier: ein politisches und wirtschaftliches System; es wird mit einem Haus verglichen
der Nationalstaat (en)	ein Staat, der eine Nation umfaßt; Frankreich z. B. ist ein Nationalstaat
die Ökologie	die Wissenschaft der Beziehungen der Lebewesen zu ihrer Umwelt
die Phase (n)	ein Zeitabschnitt
die Renovierung	die Reparatur eines alten Gebäudes
die Telekommunikation	die Nachrichtenübertragung

Fragen

1. Warum war der 7. Oktober 1989 für die DDR ein besonderer Tag?
2. Was wollte M. Gorbatschow mit dem Satz sagen: „Wer zu spät kommt, den bestraft das Leben."?
3. Was forderten die Demonstranten in Leipzig, als sie riefen: „Wir sind das Volk!"?
4. Warum feierten am 9. November 1989 die Berliner ein Freudenfest?
5. Warum befürchtete man, daß die Sowjetunion die Wiedervereinigung verhindern wolle?
6. Was wurde in den Verträgen vom 1. Juli 1990 und vom 20. September 1990 vereinbart?
7. Warum war der 3. Oktober 1990 ein wichtiger Tag in der deutschen und europäischen Geschichte?
8. Was waren die Voraussetzungen der Wiedervereinigung?
9. Welche Folgen hatte der plötzliche Wandel für die Wirtschaft der ehemaligen DDR?
10. Welchen Staat hat Otto von Bismarck gewollt, als er 1871 die deutschen Länder vereinigte?
11. Warum hoffen manche Völker, daß Deutschland nicht wieder ein selbständiger, mächtiger Nationalstaat wird?
12. Warum scheint es heute vernünftig, daß sich die europäischen Staaten vereinigen?

Bildquellenverzeichnis

Seite 10:   Bildarchiv Foto Marburg
Seite 13:   Archiv Verlag Robert Langewiesche, Königstein im Taunus
Seite 21:   Universitätsbibliothek Heidelberg
Seite 23:   Archiv Verlag Robert Langewiesche, Königstein im Taunus
Seite 27:   Bayerische Staatsgemäldesammlung, München
Seite 32:   Bildarchiv Foto Marburg
Seite 56:   Keystone, München
Seite 58:   Bildarchiv Preußischer Kulturbesitz, Berlin
Seite 60:   Kunsthalle Hamburg
Seite 64:   Keystone, München
Seite 87:   Landesbildstelle Berlin
Seite 92:   BASF, Ludwigshafen
Seite 95:   Dieter Rauschmayer, Vaterstetten
Seite 99:   Erich Zettl, Konstanz
Seite 109:   DESY, Hamburg

Alle anderen Fotos: Süddeutscher Verlag Bilderdienst, München
Karten und Zeichnungen: Werner Eckhardt, München